TRAITÉ DES SONS DE LA LANGUE FRANÇOISE.

TRAITÉ DES SONS DE LA LANGUE FRANÇOISE, *ET* DES CARACTERES *QUI LES REPRÉSENTENT.*

avec un Traité de la maniere d'enseigner à lire servant de III.e partie au Traité des Sons.

A PARIS,
Chez JEAN-THOMAS HÉRISSANT, Libraire, rue S. Jacques, à S. Paul & à S. Hilaire.

M D C C L X.

Avec Approbation & Privilége du Roi.

PRÉFACE.

LA principale cauſe des difficultés qu'éprouvent, & ceux qui apprennent à lire, & les Maîtres qui les inſtruiſent, vient de ce que l'on n'a que des idées très confuſes ſur la nature des Sons de la Langue Françoiſe, & des Caracteres qui les repréſentent. On ne connoît pas aſſez diſtinctement le nombre précis des Voyelles & celui des Conſonnes : on confond les Lettres avec les Sons dont elles ne ſont que les ſignes : on croit appercevoir pluſieurs Sons dans un aſſemblage de Lettres, qui le plus ſouvent ne repréſente qu'un Son très ſimple.

Depuis quelques années, plusieurs personnes se sont appliquées à débrouiller ces objets, & ont, en conséquence, donné différentes Méthodes pour apprendre à lire, bien différentes des anciennes. Quelques-unes sont très estimables, & donnent de grandes facilités. Mais il n'y en a aucune où tous les principes soient suffisamment détaillés, & exposés dans un ordre qui puisse les faire aisément saisir par les Maîtres & par les Disciples. De sorte qu'on peut dire, comme l'a remarqué M. Duclos, (a) que *la Nature des Sons de la Langue Françoise, est encore aujourd'hui assez peu connue*, & qu'il n'y a point de Traité *qui ne*

(a) Dans ses Remarques sur le Chapitre III de la 1ere Partie de la Grammaire générale & raisonnée.

ſoit en défaut ſur la nature & le nombre des Sons ; c'eſt-à-dire qui explique exactement les différences eſſentielles qui ſe trouvent ſoit entre les Voyelles & les Conſonnes, ſoit entre une Voyelle & une autre Voyelle ; une Conſonne & une autre Conſonne ; enfin, les différentes manieres dont on repréſente les Sons.

Ce n'eſt qu'en raſſemblant les diverſes obſervations que j'ai trouvées éparſes dans nos plus habiles Grammairiens, M. Lancelot, le Pere Buffier, l'Abbé de Dangeau, l'Abbé d'Olivet, MM. Duclos, Reſtaut, &c : ce n'eſt qu'en comparant & combinant avec attention toutes ces Obſervations les unes avec les autres, & avec celles que m'a fournies ma propre expérience, que je ſuis venu à bout de conduire ce petit Ouvrage à ſa fin. Je ne dis pas *à ſa perfection*. Car je ſens qu'il y a encore bien des choſes à éclaircir ſur ce ſujet : & quelque précaution que j'aie pu prendre, je puis m'être trompé. J'invite les perſonnes judicieuſes, qui ont du zele pour leur Langue, à remanier elles - mêmes cette matiere, ou du moins à me faire part de leurs lumieres & de leurs réflexions. Elles pourront me les faire tenir par la voie des Journaux, ou par celle du Libraire.

Je me ſuis attaché ſur - tout à détruire les ſources des préjugés, qui ſont les cauſes de cette confuſion d'idées ſur des choſes qui devroient être si claires par elles-mêmes & si sensibles, puisque ce sont des Sons qu'on prononce perpétuellement, & qui frapent les oreilles. On ne trouve dans l'Alphabet de Caracteres simples que pour cinq Voyelles. On en a conclu qu'il n'y a que cinq Voyelles dans la Langue Françoise ; cependant il y en a au moins treize. J'ai tâché d'exposer clairement la nature & les différences de ces Voyelles, du moins de celles qui font plus de difficulté.

On ne compte ordinairement que dix-huit Consonnes, dont même trois ou quatre ne sont pas renfermées dans l'Alphabet. J'ai prouvé, avec plusieurs Grammairiens, qu'il y en a vingt & une, parcequ'il faut y ajouter un *g*, un *qu* & un *ĩ mouillés*, ſur leſquels j'ai été obligé d'inſiſter, pour en établir la réalité, ces trois Conſonnes n'étant connues que d'un très petit nombre de Grammairiens. J'ai en même temps marqué l'uſage qu'un Maître doit faire de la connoiſſance de ces trois Conſonnes mouillées.

Pour mieux faire connoître la nature des Conſonnes, & faire bien diſtinguer celles qui ayant preſque le même Son, ſe confondent aiſément, & ſe prennent les unes pour les autres, j'ai cru devoir donner une légere idée de leur Méchaniſme. Je les ai auſſi rangées ſelon les diverſes cauſes qui les produiſent, mettant l'une vis-à-vis de l'autre celles qui ſont produites par les mêmes diſpoſitions, & les mêmes mouvemens des lévres ou de la langue.

Quelques perſonnes auroient deſiré que j'euſſe auſſi donné une idée du Méchaniſme qui produit les Voyelles. Mais outre que cela n'eſt point néceſſaire pour connoître la nature des Voyelles, & les faire diſtinguer les unes des autres, il auroit fallu, pour en donner une idée même très ſuccinte, entrer dans de trop grands détails, & faire des deſcriptions de la trachée-artere, du larinx, & de toutes les autres parties intérieures de l'organe de la voix; ce qui eſt plus du reſſort d'un habile Anatomiſte que d'un Grammairien.

D'ailleurs, ce Méchanisme est assez peu connu, & il y a différens sentimens sur ce sujet parmi les plus célébres Anatomistes, entre lesquels il ne me convient pas de prendre parti.

Après avoir expliqué ce qui regarde les Consonnes, & en avoir tiré les conséquences nécessaires, j'ai parlé en peu de mots des Sons articulés & des Syllabes. J'ai été surpris de ne trouver nulle part la vraie définition des Syllabes. Partout la Syllabe est *un Son*. Il y a cependant un très grand nombre de Syllabes qui en font entendre plusieurs. De tous les Auteurs que j'ai lus, M. Duclos est le seul qui m'ait paru en avoir conçu une idée juste. Je ne crois pas cependant qu'on doive, comme il le prétend, prendre pour autant de Syllabes *réelles* & *physiques*, tous les Sons qui forment une Syllabe composée, à laquelle il donne le nom de *Syllabe d'usage*.

Dans la seconde Partie, j'expose la nature des Caracteres dont on se sert pour représenter les Sons; la premiere destination & quelques autres usages des Lettres, des noms des Lettres, & de l'Alphabet; la différence réelle qui se trouve entre les Lettres, les noms des Lettres, & les Sons qu'elles représentent : enfin les différentes manieres dont on emploie les Lettres pour exprimer les Sons de notre Langue; & j'indique les moyens de les faire connoître aiſément à ceux qui veulent apprendre à lire, & de leur épargner toute difficulté.

J'aurois pu charger cet Ouvrage de quantité de Diſſertations, pour réfuter les ſentimens contraires à ceux que j'ai cru devoir embraſſer. Mais il m'a paru qu'il valoit mieux préſenter les choſes ſimplement, & me contenter de les appuyer par des exemples ſenſibles ; parceque la vérité expoſée ſimplement fait beaucoup plus d'impreſſion ſur les eſprits, que tous les raiſonnemens qu'on pourroit faire pour l'établir, & pour détruire les ſentimens contraires. J'ai cependant cru devoir m'étendre ſur l'*in* ou *i* nazal que veulent admettre quelques habiles

Grammairiens. Je me ſuis auſſi étendu ſur les trois Conſonnes mouillées, *g*, *qu* & *ï*, pour les raiſons que j'ai expliquées ci-deſſus, & dans le corps de l'Ouvrage.

Quelque clarté que j'aie tâché de jetter ſur toutes les matieres de ce Traité, il en eſt cependant quelques-unes qui ſont ſi abſtraites, qu'elles pourroient n'être pas ſaiſies par tous les Maîtres de Lecture. C'eſt ce qui m'a engagé de joindre à ce Traité un autre fort court, ſur la Maniere d'enſeigner à lire. Ce dernier renferme un Abrégé de tout ce qu'il y a de plus eſſentiel à ſçavoir ſur les Sons de notre Langue, & ſur les Caracteres qui les repréſentent. J'y expoſe les Voyelles dans un jour un peu différent que dans le *Traité des Sons*, *&c*; mais ce n'eſt que pour éclaircir davantage cette matiere. J'y donne aux cinq Conſonnes *d*, *t*, *l*, *n*, *r*, le nom de *Palatales*, au lieu de celui de *Linguales*, dont je me ſuis ſervi dans le premier Traité, & qui eſt trop générique. Le nom *Palatales* particulariſe mieux ces Conſonnes, & en fait mieux connoître la nature.

On y trouvera à la fin un Syllabaire complet, où tous les Sons de notre Langue ſont rangés par ordre, avec toutes les différentes manieres de les repréſenter. Ce petit Traité ſe vendra ſéparément.

L'Approbation & le Privilége ſe trouvent au Traité de la Maniere d'enſeigner à lire.

TRAITÉ

TRAITÉ DES SONS DE LA LANGUE FRANÇOISE, ET DES CARACTERES

qui les représentent.

EXPRIMER ses pensées par la *parole* ; représenter les paroles par l'*écriture* ; *sçavoir lire* les paroles écrites ; ce sont trois choses qui ont de grands rapports ensemble, & certains principes communs.

La PAROLE n'est que la combinaison, variée à l'infini, d'un très petit nombre de Sons simples ou articulés.

L'ECRITURE est la représentation de ces Sons, par le moyen de certains signes ou caracteres, qu'on appelle *Lettres* ;

& qui, combinés à l'infini, peignent aux ieux toutes ſortes de paroles.

SÇAVOIR LIRE, c'eſt bien connoître la forme de ces *Lettres*, & les Sons qu'elles repréſentent, ou ſeules ou combinées enſemble, & ſçavoir lier ces Sons enſemble, de ſorte qu'ils puiſſent préſenter à l'eſprit des idées & un ſens ſuivi.

Il ſuit de-là, qu'on ne peut écrire des paroles, ni lire des paroles écrites, ſi on ne ſçait parler. (*a*)

Par conſéquent, il faut examiner d'abord quels ſont les principes de la Parole ou du Langage, ſi on veut parvenir par une voie certaine, méthodique & naturelle, aux vrais principes de la LECTURE.

(*a*) Il y a à la vérité des ſourds & muets qui écrivent & qui liſent. Mais comme ils n'ont aucune idée des Sons, ce ne ſont pas proprement des paroles qu'ils écrivent ou qu'ils liſent; les Lettres ne ſont pour eux que des ſignes muets, auxquels ils attachent directement les idées des choſes, indépendamment de la parole, dont nous nous ſervons pour les exprimer.

PREMIERE PARTIE.

De la nature & du nombre des Sons qui forment le Langage.

TOUS les Sons qui forment la Parole ou le Langage, ſont *ſimples* ou *articulés.* Les Sons ſimples s'appellent *Voyelles.* Les Sons articulés, ſont ceux qui ſe produiſent par le concours des Conſonnes & des Voyelles.

Pluſieurs Auteurs diſent que *les Voyelles & les Conſonnes ſont des Lettres.* C'eſt comme ſi on diſoit que les Nombres ſont des Chiffres. Les Voyelles & les Conſonnes ſont des Sons, que les Lettres repréſentent, comme les Chiffres ſervent à repréſenter les Nombres. En effet, on prononçoit des Conſonnes & des Voyelles avant qu'on eût inventé les Lettres. Il eſt très important de relever cette mauvaiſe énonciation, qui n'eſt que trop commune, parcequ'elle conduit à pluſieurs erreurs ; par exemple à dire qu'il n'y a que cinq Voyelles, quoiqu'il y en ait au moins treize dans notre Langue. On peut cependant bien dire que ces Lettres, *a*, *e*, *i*, &c. ſont des Voyelles, & que ces autres, *b*, *c*, *d*, &c. ſont des Conſonnes, parceque ces Lettres repréſentent des Voyelles & des Conſonnes; comme on peut dire que le chiffre 2 eſt un *deux*, le chiffre 3 un *trois*, parceque ces chiffres 2, 3, repréſentent les nombres *deux*, *trois*. On dit de même d'un tableau, C'eſt *Alexandre*, C'eſt *Céſar*.

CHAPITRE PREMIER.

Des Voyelles.

ARTICLE PREMIER.

De la nature & du nombre des Voyelles.

Les Voyelles ſont des Sons ſimples, qui ſe produiſent par la ſeule ouverture de la bouche, & qui ſe diverſifient par les différentes diſpoſitions du paſſage de la voix.

Elles ſont nommées *Voyelles*, du mot *voix*, parcequ'elles forment ſeules une voix ou un ſon; comme *a*, *é*, *ê*, *eu*, *ou*, *u*, *an*, &c.

La voix n'eſt que l'agitation de l'air qui ſort de la poitrine; & qui, ſelon les différentes formes que prend le canal par lequel il paſſe, donne différens ſons, que la bouche, qui eſt comme l'extrémité d'une trompette, rend plus ou moins forts, à proportion qu'elle eſt plus ou moins ouverte.

Les Voyelles different des Conſonnes en pluſieurs manieres.

1°. Lorſqu'on les prononce, la voix

ſort librement, ſans trouver d'obſtacles à ſon paſſage ; au lieu qu'elle en a à vaincre lorſqu'on prononce les Conſonnes, comme nous le ferons voir ci-après.

2°. Elles peuvent ſe prononcer ſeules.

3°. Elles ſont plus ou moins breves & plus ou moins longues, ſelon que l'on doit mettre plus ou moins de temps à les prononcer. Les plus longues ſont ordinairement marquées d'un accent circonflexe ^, ou ſuivies d'un *e muet*.

4°. Outre le Son aigu, qui eſt commun à toutes les Voyelles, pluſieurs ſont encore ſuſceptibles de Sons plus ou moins graves. Ce ſont les quatre Voyelles ſuivantes, qui ſont entendre chacune des ſons fort différens.

Sons	*aigus.*	*Sons*	*graves.*
a.......	*une malle.*	â.....	*un mâle.*
e ouvert...	*trompette.*	ê.....	*tempête.*
eu.....	*le jeu.*	eû....	*le jeûne.*
o......	*une hotte.*	ô.....	*un hôte.*

Le Son *aigu* eſt un ſon foible & délié, qui n'eſt produit que par un filet d'air qu'on pouſſe de la poitrine, & qui n'exige qu'une petite ouverture de la bouche. Les Sons *graves* ſont plus forts, plus gros, & plus remplis, parcequ'ils ſont formés par une plus grande abondance d'air qui ſort de la poitrine.

Les Sons graves des Voyelles *â* & *ê* exigent une très grande ouverture de la bouche : c'eſt ce qui les fait nommer *Sons ouverts*. Il n'en eſt pas de même des Voyelles *eû* & *ô*. Pour les prononcer, les levres s'allongent en dehors, & ne laiſſent de paſſage à la voix que par leur milieu. L'air qui vient en plus grande abondance de la poitrine s'entonne dans la bouche, & n'en ſort qu'en rendant un ſon gros & ſourd.

Il eſt bon d'obſerver, qu'entre le Son très aigu & le Son très grave, il y a pluſieurs degrés, & pour ainſi dire, pluſieurs nuances de Sons plus ou moins graves, dont la différence n'eſt fort ſenſible que lorſque l'on ſaute un degré, pour comparer enſemble le *premier* & le *troiſieme*, ou le *ſecond* & le *quatrieme*. Cette remarque a principalement lieu à l'égard de l'*e ouvert*, qui de toutes les Voyelles eſt celle qui eſt la plus ſuſceptible de ces différens ſons plus ou moins graves, comme on peut le ſentir dans les mots ſuivans : *Muſette*, *meſſe*, *pere*, *effet*, *thèſe*, *effets*, *preſſe*, *fête*, *ils av*oient.

Les autres Voyelles n'ont point d'autre ſon que le Son aigu ; ou ſi elles acquierent quelque gravité, elle n'eſt preſque pas ſenſible. La ſeule différence qu'on y peut ſentir, ne vient que de leur briéveté ou de leur longueur, qui ne changent rien à leur ſon, comme on le peut voir dans les exemples ſuivans : *donn*é, *donn*ée ; *am*i, *am*ie ; *rend*u, *rend*ue ; *le b*out, *la b*oue.

Dans la Langue Françoiſe, les Voyelles breves ſont toujours aiguës ; & les graves ſont toujours longues.

Que les Voyelles ſoient longues ou breves, graves ou aiguës, cela ne change point leur nature ; puiſque leur ſon, quelque variété qu'on puiſſe y appercevoir, eſt toujours produit par la même diſpoſition des organes, & que la différence qui ſe trouve entre les Voyelles graves & les aiguës, ne vient que de la quantité plus ou moins grande d'air que l'on fait ſortir de la poitrine, & de la force avec laquelle on pouſſe ſa voix. Si on veut s'en convaincre, il n'y a qu'à commencer à prononcer d'un ſon aigu, une de ces quatre Voyelles, *a*, *è*, *eu*, *o*, & traîner la voix en la pouſſant de plus en plus fort, on entendra cette Voyelle devenir de plus en plus grave.

C'eſt pourquoi il nous a paru inutile de multiplier les Voyelles, comme font pluſieurs ſçavans Grammairiens, qui comptent pour autant de Voyelles diſtinguées, les Voyelles aiguës & les Voyelles graves. Encore ſont-ils fort peu d'accord entre eux ; car les uns n'en comptent que 14 ; d'autres en admettent 17 ; d'autres 19, & quelques-uns en comptent juſqu'à 21 ; ſuivant que leurs oreilles ſont plus ou moins affectées par les différences de ſon dont les Voyelles ſont ſuſceptibles.

Nous croyons, en conſéquence, ne devoir compter dans la Langue Françoiſe que treize Voyelles, qu'on trouvera expoſées dans la Table ſuivante, avec leurs différences les plus ſenſibles.

TABLE DES VOYELLES

considérées seulement par rapport à leurs sons.

	Voyelles aiguës.		*Voyelles graves.*	
1.	a.	*patte*	â. . .	*pâte.*
2.	é *fermé*. .	*vérité.*		
3.	e *ouvert*. .	*prophete.*	ê. . .	*fête.*
4.	e *muet*. .	*une table.*		
5.	eu. . . .	*le jeu.*	eû. .	*le jeûne.*
6.	i.	ici.		
7.	o.	*une hotte.*	ô. . .	*un hôte.*
8.	ou. . . .	*un coucou.*		
9.	u.	*usure.*		
10.	an. . . .	*cadran.*		
11.	in. . . .	*enfin.*		
12.	on. . . .	*bon son.*		
13.	un. . . .	*chacun.*		

ARTICLE II.

Obſervations particulieres ſur quelques-unes de ces Voyelles.

§. I. *Sur l'*é *fermé.*

La ſeconde Voyelle eſt l'*é fermé*, ainſi nommé parceque, pour le prononcer, le canal de la voix ſe retrécit & ſe ferme en quelque ſorte, ne laiſſant qu'une petite ouverture, qui ne laiſſe échaper que comme un filet d'air. Auſſi le ſon de cette Voyelle eſt-il toujours aigu & invariable. Qu'on prononce par exemple ce mot *créée*, on a beau traîner la voix, on ne produit jamais que le ſon *é*.

§. II. *Sur l'*e *ouvert.*

La troiſieme Voyelle eſt l'*è ouvert*, ainſi nommé par oppoſition à l'*é fermé*, parcequ'il exige un paſſage ouvert & parfaitement libre. Cette Voyelle, comme nous l'avons deja remarqué, eſt ſuſceptible d'un nombre conſidérable de nuances de ſons, plus ou moins aigus, ou plus ou moins graves, dont voici quatre des plus ſenſibles.

Sons aigus.		*Sons graves.*	
1	2	3	4
Secrete.	*Secret.*	*Secrets.*	*Crête.*
faites.	*fait.*	*faits.*	*faîte.*

De ces quatre ſons ou dégrés de ſons, les ſecond, troiſieme & quatrieme ſont inconteſtablement des *e ouverts.* Tout le monde en convient.

Mais il n'en eſt pas de même du premier. Quelques-uns le mettent dans la claſſe des *é fermés.* D'autres en veulent faire une claſſe à part, & une Voyelle diſtinguée de l'*é fermé* & de l'*e ouvert*, & lui donnent le nom d'*e moyen.* Mais les plus habiles Grammairiens n'admettent point ce nouveau nom; & n'appercevant dans ce prétendu *e moyen* qu'un ſon ouvert, quoique foible & très-aigu, ils le rangent dans la claſſe des *e ouverts.*

Ce ſon foible & très aigu a principalement lieu devant une Conſonne prononcée avec le ſon de l'*é muet* à la fin des mots, comme dans ceux-ci, *il ſeme. il aime. Euſebe. il eſt foible. il leve. une meche. il peſe. la meſſe. il eſt tiede. j'achete. je ſouhaite. il mene. de la laine. une baleine. il confere. une paire. il legue. il disseque. il regne. qu'il craigne. il enseigne. il conseille.* Ce son se fait entendre de même, lorsque l'*e muet* n'est point exprimé après la Consonne, comme dans, *S*em. *Cal*eb. *Al*ep. *Al*eth. *Am*en. *am*er. *D*oëg. *av*ec. *cons*eil.

Pour peu qu'on ait d'oreille, ou qu'on veuille y faire quelque attention, on s'appercevra aisément :

1°. Que ce son représenté par *e*, ou par *ai*, ou par *ei*, ou enfin par *oi*, est bien différent de celui de l'*é fermé.*

2°. Que ce son est un *e ouvert*, & de la même nature que les autres *e ouverts.* En effet, si on appuie un peu trop dessus, il deviendra plus grave & rendra le son *è*. Si on traîne la voix, il rendra le son *ê*. Ainsi, au lieu de dire *je seme*, on prononcera *je sème* ou *je sême.*

3°. Qu'il n'est pas parfaitement le même dans tous les mots rapportés ci dessus, & qu'il est plus foible & plus aigu dans les uns que dans les autres, selon que la Consonne qui le suit est plus ou moins sonore, ou plus ou moins difficile à prononcer.

Il n'y a que les Syllabes *ai-je* ou *ége*,

que l'on prononce avec le ſon de l'*é fermé* devant la Conſonne, parceque cette Conſonne *j* ou *ge* n'a preſque point de ſon, & d'ailleurs eſt ſi foible., que la voix n'a preſque aucun effort à faire pour la prononcer. On pourroit, pour la même raiſon, prononcer de même un *é fermé* devant ces deux autres Siflantes foibles *v* & *z* : mais nous n'avons aucun mot françois, où l'on prononce ainſi l'*é fermé* devant *ve* & *ze* à la fin des mots.

Pour toutes les autres Conſonnes, quand elles ſe prononcent avec le ſon de l'*e muet*, comme cet *e muet* n'a pas aſſez de force pour les produire, la voix a beſoin de s'appuyer davantage ſur la Voyelle qui précede la Conſonne. Si cette Voyelle eſt un *e*, il devient néceſſairement un *e ouvert.* C'eſt pour cela que le premier *é fermé* du mot *procédé*, & l'*e muet* du mot *il acheta*, ſe changent en *e ouvert* lorſqu'on dit *je procede; j'achete :* & cela ſe fait ainſi dans toutes les Langues. L'*é* de ces mots latins, *die*, *patre*, &c, qui eſt fermé, ſe change en *e ouvert*, lorſqu'on dit *dies*, *patres*, *diem*, *patrem*. Les Normands même qui, en prononçant cet *e*, traînent, baiſſent & affoibliſſent la voix de plus en plus, le font encore un peu ouvert, quoiqu'ils le prononcent d'un ſon trop foible & trop aigu. Si abſolument on vouloit le prononcer comme un *é fermé*, il faudroit ou traîner conſidérablement la voix, & faire la pénultieme Syllabe très longue, en prononçant *je ſéeme ;* ou ſi on vouloit lui conſerver ſa briéveté, il faudroit mettre un intervalle entre l'*é fermé*, & la derniere Syllabe, dont l'*e muet* ſur lequel on ſeroit forcé d'appuyer, prendroit un ſon fort approchant de celui de la Voyelle *eu* : & on prononceroit *je ſé-meu.*

§. III. *Sur l'*e *muet & l'*e *obſcur.*

La quatrieme Voyelle, qu'on appelle ordinairement *e muet* ou *féminin*, mérite une attention particuliere.

I. L'*e muet, proprement dit*, ne ſe prononce point : c'eſt-à-dire qu'on ne pouſſe point exprès de voix de la poitrine pour le produire. Il rend cependant un ſon ; mais un ſon extrêmement foible, qu'on ne peut, ce me ſemble, mieux comparer qu'à celui que l'on fait entendre lorſqu'on reſpire doucement la bouche ouverte. Il ſuffit pour le produire de donner quelques trémouſſemens à l'air qui vient de la reſpiration, ſans en faire ſortir exprès de la poitrine.

Si cet *e muet* eſt ſeul après une Voyelle à la fin d'un mot, il n'eſt autre choſe que le reſte d'une voix traînée & extrêmement affoiblie, comme on peut le remarquer en prononçant ces mots, *j'agrèe*, *la vie*, *je loue*, *ils tuent*, qui ſe prononcent un peu autrement que ceux ci, *du grès*, *je vis*, *des loups*, *je fus*. Car quoique les Syllabes de ces derniers mots ſoient longues, la voix s'arrête après les avoir prononcées, & ne produit point ce ſon foible qu'on fait entendre à la fin des premiers mots, en traînant la voix après les Voyelles *è*, *i*, *ou*, & *u*.

Lorſque l'*e muet* eſt joint à une Conſonne, il eſt la ſuite & l'effet du mouvement, ou de la langue ou des levres, qui donne à l'air qui eſt dans la bouche une agitation & un trémouſſement, qui lui fait rendre un ſon différemment modifié, ſuivant la différence du mouvement qui l'a cauſé : & alors cet *e muet*, ainſi modifié, ſe fait entendre plus diſtinctement que lorſqu'il eſt ſeul à la fin d'un mot ; parceque la Conſonne fait ſon

ſon impreſſion ſur l'oreille, comme à la fin de ces mots, *gloire*, *louange*.

Souvent l'*e muet* n'eſt point exprimé par écrit. Mais il faut toujours le ſuppléer après une Conſonne, ſoit qu'elle termine le mot, comme à la fin de ce mot, *mal*, qu'on prononce comme s'il étoit écrit *male*; ſoit qu'elle ſoit ſuivie immédiatement d'une autre Conſonne, comme dans ces mots, *bras*, *marbré*, *ſtructure*, qui ſe prononcent comme s'ils étoient écrits, *bera*, *marebere*, *ſeteruqueture*, en coulant avec la plus grande rapidité ſur ces *e muets* ſuppléés. *Voyez ci après le Chapitre II, Article II, n. VI & VII.*

II. Lorſque cet *e muet* doit former une Syllabe pleine, bien diſtinguée de celle qui le précede ou qui le ſuit, on eſt obligé de le prononcer, c'eſt-à-dire de faire ſortir exprès de la poitrine la voix qui le produit. Il n'eſt plus alors un *e* muet *proprement dit*, mais c'eſt un *e* obſcur, foible & très bref, qui approche plus ou moins du ſon de la Voyelle *eu*, à proportion du plus ou du moins de force avec laquelle on le prononce.

1°. Lorſque l'*e muet* ou obſcur n'eſt ſuivi que d'une ſeule Syllabe, qui ne ſoit pas formée elle-même par un *e muet*, il n'a qu'un ſon ſourd très foible & très bref, comme dans ces mots, *ſouvenir*, *lâcheté*.

Mais il arrive ſouvent que dans le diſcours ordinaire & familier, on ne le prononce point, & que coulant rapidement deſſus, on n'en fait qu'une ſeule ſyllabe avec celle qui ſuit. C'eſt ainſi qu'on prononce ſouvent *ſoutnir*, *atler*, pour *ſoutenir*, *atteler*. Il faut cependant éviter avec ſoin cette mauvaiſe prononciation, même dans le diſcours familier; ſur tout lorſqu'on peut confondre un mot avec un autre qui a un ſens fort différent, comme ceux ci, Il *montera* plus haut, il *fondera* un hôpital, avec ces deux autres, Il *montra* ſon ouvrage, il *fondra* une cloche.

Si la ſyllabe qui termine un mot eſt formée par un *e muet*, il ne peut y avoir d'*e muet* à la ſyllabe précedente; mais on lui ſubſtitue un *e ouvert*. Ainſi l'*e muet* qui ſe trouve à la pénultieme ſyllabe de ces mots, *acheter*, *épeller*, *ſe déjeter*, ſe change en *e ouvert*, lorſqu'on dit, *j'achète*, *j'épelle*, *il ſe dejète*. On voit cependant bien des gens qui veulent conſerver l'*e muet* dans ces mots, *je cachete*, *j'empaquete*, *il furete*: & comme il eſt impoſſible de le prononcer, ils ne font qu'une ſeule ſyllabe des deux dernieres, en prononçant, *je cachte*, *j'empacte*, *il furte*; au lieu de dire *je cachète*, *j'empaquète*, *il furète*. Un grand nombre de bons Ecrivains, pour faire éviter cette prononciation, redoublent la conſonne qui précede l'*e muet* final; & écrivent, *je cachette*, *il ſe dejette*: mais cette précaution eſt aſſez inutile, parceque c'eſt une regle générale que tout *e* à la pénultieme ſyllabe, ſuivi d'une Conſonne & d'un *e muet*, eſt ouvert. Il en faut excepter les mots terminés en *ége*, comme *collége*, pour la raiſon que nous avons expoſée au § précédent.

2°. Lorſque l'*e muet* ou *obſcur* eſt ſuivi de deux ou trois ſyllabes, ou même d'un plus grand nombre, on eſt obligé de le prononcer plus fortement, & d'une voix plus groſſe; & alors on lui donne le ſon de la Voyelle *eu*, mais bref & léger; comme dans ces mots, *demander*, *demeurer*, *devenir*, *redevenir*, qu'on prononce *deumander*, *deumeurer*, *deuvenir*, *reudeuvenir*, en coûlant fort vîte ſur le ſon *eu*.

3°. Lorſque l'*e muet* ou *obſcur*, joint à une Conſonne, forme une ſyllabe iſolée ; comme la voix n'a ni devant ni après aucune autre ſyllabe ſur laquelle elle puiſſe ſe ſoutenir, ou couler, toute ſa force tombe néceſſairement ſur l'*e*, qu'on prononce alors d'une voix pleine, & qui n'a point d'autre ſon que le ſon plein de la Voyelle *eu*. C'eſt ainſi qu'on prononce ces monoſyllabes, *je*, *te*, *ſe*, *que*, *de*, &c, à moins qu'ils ne s'uniſſent au mot précédent ou ſuivant, comme s'ils n'en faiſoient qu'un ; comme lorſque l'on dit, *ferai-je ce qu'il dit* : où *je* ſemble ne faire qu'un mot avec *ferai*, & *ce* avec le mot ſuivant *qu'il*.

§. IV. *Sur les Voyelles* eu *&* ou.

Pluſieurs perſonnes ſeront étonnées de voir *eu* & *ou* parmi les Voyelles, parcequ'elles les prennent pour des *Diphthongues*. Une Diphthongue, comme nous le ferons voir à l'Article ſuivant, eſt la réunion de deux ſons ſimples. Or dans *eu* & *ou*, il n'y a qu'un ſeul ſon ſimple. Il faut prendre garde à ne ſe pas laiſſer tromper par la vue des deux lettres dont on ſe ſert pour les repréſenter, faute de caracteres ſimples qui les puiſſent exprimer. Car aucune de ces lettres n'y a le ſon qui lui eſt propre. On n'y entend ni le ſon de l'*e* dans *eu*, ou le ſon de l'*o* dans *ou*, ni le ſon de l'*u*, ni rien qui tienne de ces ſons. Ces deux lettres *e u*, & *o u* n'empêchent donc point que *eu* & *ou* ne ſoient des Sons ſimples, de même que la Voyelle *é* ne ceſſe pas d'être un Son ſimple, lorſqu'on l'écrit par *ai* dans ces mots, *j'*ai, *j'aur*ai.

Quelques habiles Grammairiens les appellent, auſſi-bien que *ai*, *ei*, *au*, *eau*, &c, des *Voyelles compoſées*. Quoique cette dénomination puiſſe abſolument ſe prendre dans un ſens véritable, elle renferme néanmoins quelque choſe de très louche & propre à induire en erreur. Car ſoit qu'on prenne ce mot *Voyelle* pour les lettres qui ſervent à exprimer les ſons ſimples, ſoit qu'on lui faſſe ſignifier directement les ſons ſimples que les lettres repréſentent, cette expreſſion *Voyelle compoſée* donne à entendre qu'il y a, ou deux ſons, ou du moins un mélange de deux ſons qui n'en feroient plus qu'un ; & par conſéquent elle préſente une idée fauſſe de ces Voyelles. Ce ne ſera donc qu'au moyen d'un commentaire qu'on pourra écarter cette fausse idée, & rapporter cette dénomination de *Voyelles composées* à un sens véritable.

§. V. *Sur les Voyelles nazales.*

Les quatre dernieres Voyelles se nomment *Voyelles nazales*, parcequ'elles se prononcent du nez, c'est-à-dire, que la voix ou l'air qu'on pousse de la poitrine s'engoufre dans la cavité intérieure du nez avant que de sortir par la bouche; ce qui donne a ces Voyelles un son sourd & obscur. Ces quatre Voyelles nazales répondent chacune à une de ces quatre autres Voyelles, *a*, *è*, *o*, & *eu*: *an* répond à la Voyelle *a*; *in* ou *ein*, à l'*e ouvert*; *on*, à la Voyelle *o*; & *un*, à la Voyelle *eu*; & non pas à l'*u*, comme quelques uns le disent. On n'a qu'à prononcer ces quatre Voyelles, *a*, *è*, *o*, *eu*, dans un vase long, creux, & un peu plus étroit par le haut que par le milieu, elles rendront des sons fort semblables à ceux des quatre Voyelles nazales, *an*, *in*, *on* & *un*.

On ne peut pas douter que ces quatre Voyelles ne soient des sons simples. Car 1°. Dans la Musique on peut faire sur ces Voyelles des modulations, comme sur les autres Voyelles. 2°. Leur rencontre avec d'autres Voyelles fait des *hiatus* ou bâillemens, comme il s'en fait lorsque les autres Voyelles se rencontrent. Ainsi lorsqu'on dit, *main affreuse, camp ennemi, la nuit est loin encore*, on est obligé de s'arrêter, & de faire un bâillement ou petite pose après ces mots, *main, camp* & *loin*, pour pouvoir prononcer les mots suivants; de même qu'on est obligé de s'arrêter après ces mots, *feu* & *taureau*, lorsqu'on dit, *un feu ardent, un taureau en furie.*

§. VI. *Sur une cinquieme Voyelle nazale, admise par quelques Grammairiens.*

M. l'Abbé de Dangeau, & quelques autres, admettent une cinquieme Voyelle nazale, sçavoir un *in* d'un son plus pincé que celui de la Voyelle *ain*, & qui répond à la Voyelle *i*. Ce son, selon leurs principes, ne doit avoir lieu que dans les mots où cette syllabe *in* répond à la préposition *in* des Latins, comme dans ces mots, in*cident*, im*pôt*, im*pie*, in*docile*. Dans toute autre occasion, ils veulent qu'on prononce *in* comme *ain*.

Mais d'autres habiles Grammairiens rejettent ce ſon, & prétendent que dans tous les mots, *in* ſe doit prononcer comme *ain* ou *ein*.

Ce qu'il y a de ſingulier, c'eſt que ces Sçavans, de part & d'autre, traitent de *provinciale* la prononciation contraire à leur opinion. Les premiers s'autoriſent de la pratique du Théâtre : les ſeconds répondent qu'il y a des pratiques du Théâtre qu'il faut rejetter, & que celle-ci en eſt une.

Nous ne prétendons condamner aucune de ces manieres de prononcer la Voyelle *in*, l'une & l'autre étant ſi bien autoriſée. Voici cependant ce qu'on peut remarquer, pour peu qu'on y faſſe attention.

I. Je vois d'abord un partage de ſentimens entre les partiſans de ce ſon de l'*i nazal*. Les uns en reſtreignent l'uſage aux mots qui commencent par la prépoſition *in*, qui a les mêmes propriétés que l'Alpha des Grecs. Les autres, comme le Pere Buffier, l'étendent à tous les mots qui commencent par *in*, exceptant ſeulement ces mots, *les Indes*, *Indien*. Voila donc deux uſages différens ; lequel faudra-t-il ſuivre ?

II. Sur quel fondement eſt appuyée cette prononciation de l'*i nazal*? Dira-t-on qu'elle eſt établie ſur la prononciation latine ? Mais comment prouvera-t-on que les Latins prononçoient autrement *in* dans im*pius*, in*doctus*, que dans In*dus*, *ſ*in*cerus*, *v*in*dicta* ?

Dira-t-on qu'elle eſt fondée ſur le génie de la Langue Françoiſe ? Si cela eſt ainſi, pourquoi n'a-t-elle lieu que dans ceux des mots originairement latins qui commencent par *in* ? Pourquoi prononce-t-on autrement cette Voyelle *in*, lorſqu'elle eſt au milieu ou à la fin de tous les mots ? Ne paroît-il pas au contraire, que le génie de notre Langue affectionne d'une maniere particuliere le ſon *ain*, puiſqu'il le fait prononcer dans une ſi grande quantité de mots ? Et afin de ne laiſſer aucun doute, ne fait-il pas écrire quelquefois *ain*, ou *ein*, à la place de *in*, comme dans ces mots, *v*ain*cre*, *p*ein*dre*, &c, qui viennent du Latin *v*in*cere*, *pingere* ? Enfin, ne pourroit-on pas tirer une preuve de cette ancienne inclination de notre Langue à rendre la Voyelle *in* par le ſon *ein*, de la maniere dont pluſieurs Sçavans expliquent le changement de cette même Voyelle *in*, en *an*, ou en *en* prononcé *an*, comme dans ces mots, *langue*, em*pereur*, &c, qui viennent du Latin *lingua*, im*perator*? *In* ſe prononçoit, comme *en* ſe prononce encore dans ces mots, *bien*, *benjoin*. C'eſt ce qui a fait qu'on s'eſt accoutumé à écrire *en* pour *in*. *En* s'eſt enſuite prononcé *an*, & quelquefois on a ſubſtitué *an* à la place de *en*. C'eſt ce qui eſt arrivé au nom de *landi*, qu'on donne à une Foire de Saint-Denis. Ce mot, *landi*, vient de in*dictum* (*forum*.) On a d'abord dit & écrit, *l'in-dict*; enſuite *lendi* : enfin on a prononcé & écrit *landi*.

D'où il faut conclure que la prononciation de cet *in* répondant à la Voyelle *i*, n'a aucun fondement, & que la régle par laquelle on la reſtreint à de certains mots paroît bien arbitraire.

III. Ce ſon de l'*i nazal* paroît avoir quelque choſe de forcé. Il exige un certain ſerrement & retirement de nez, qui n'eſt gueres naturel. Auſſi ceux qui affectent le plus de le prononcer, ceſſent-ils de le faire, quand ils parlent avec vivacité & ſans s'écouter parler. Alors on les entend prononcer, eim*pie*, *ainfidéle*, comme ceux qu'ils appellent *Provinciaux* ou *Bourgeois de Paris*. Tant il eſt vrai que :

Naturam expellas furcâ, tamen uſque recurret.

Ce ſon eſt ſi peu naturel, qu'à peine trouve-t-on quelqu'un qui le prononce paſſablement. Les uns font entendre avec l'*i* le ſon de la Conſonne *n* ; & ainſi au lieu d'une ſeule Voyelle, ils font entendre deux ſons, à la vérité ſourds & obſcurs ; mais ce ſont toujours deux ſons au lieu d'un ſeul.

D'autres ne prononcent qu'un *i*, mais dont le ſon ſort tout à la fois & par la bouche & par le nez ; de ſorte qu'on entend un *i* mêlé avec je ne ſçai quel bruit ſourd & confus fort déſagréable.

D'autres ne prononcent qu'un *ain* véritable, mais d'un ſon un peu plus ſourd & plus obſcur.

D'autres enfin, quoique fort zélés pour cet *i nazal*, ne prononcent que le pur ſon *ain*, ſans aucune différence, quoiqu'ils s'imaginent en mettre beaucoup.

IV. De quelque maniere qu'on prononce la Voyelle *in*, il eſt preſque impoſſible de la produire immédiatement après l'autre ſon *ain*, ou après une autre Voyelle nazale, ſans la prononcer *ain*. Quelques efforts qu'on faſſe, on prononce toujours, *deſſ*ein aim*pie*, *m*ain ain*fidele*, *ch*am*p* ain*culte*; ou ſi l'on veut abſolument prononcer l'*i nazal*, il faut néceſſairement mettre un repos beaucoup trop long entre les deux mots, ou bien ſuppléer un *n* pour la joindre au ſecond mot; comme quand on dit, *bi*en in*grat*, *bi*en in*docile*, qu'on prononce *bi*en nin*grat*, *bi*en nin*docile*. Ce *n* ajouté donne une grande facilité à prononcer un *i nazal*.

V. Dans ce partage de ſentimens ſur la prononciation de la Voyelle *in*, chacun prétend que ſon ſentiment eſt conforme au bon Uſage. Le bon Uſage eſt, je crois, la maniere commune dont parlent les perſonnes qui ont de l'éducation, des principes & du goût. On voit à la vérité, à la Cour, au Théâtre & ailleurs, de ces bons parleurs qui prononcent l'*i nazal*. Mais ſont-ils les ſeuls qui aient de l'éducation, du goût & des principes? Combien n'en voit-on pas à la Cour même, dans la Magiſtrature, au Barreau, dans les Chaires, parmi les Sçavans de toute eſpece, qui ne prononcent que *ain*, & qui n'ont peut-être jamais penſé à cet *i nazal ?* Leur nombre eſt ſans contredit incomparablement plus grand. Si donc on ne conteſte pas à la prononciation de l'*i nazal* le titre de *bon uſage*, on ne peut en aucune maniere refuſer à celle de *ain*, la qualification de *bon*, & même de *véritable uſage ;* puiſque c'eſt celui qui eſt le plus étendu, & qu'il eſt au moins auſſi bien autoriſé & fondé en raiſons.

ARTICLE III.

Des Diphthongues.

On prononce ſouvent deux Voyelles en une même Syllabe ; & alors ces deux ſons forment une Diphthongue.

Une Diphthongue eſt donc la réunion de deux Voyelles, qu'on fait entendre dans le même inſtant par une ſeule émiſſion de voix, de ſorte qu'on coule vîte ſur le premier ſon, & qu'on appuie davantage ſur le ſecond.

Ce mot *Diphthongue* vient d'un mot grec, qui ſignifie *double ſon.*

Il ſuit de-là : 1°. Qu'il eſt eſſentiel

à la Diphthongue de présenter deux sons à l'oreille. Toutes les fois, par conséquent, qu'on n'entend qu'un son, il n'y a point de Diphthongue : ce n'est qu'une seule Voyelle, quand même elle seroit représentée par plusieurs lettres. Ainsi, *au*, *eau*, *eu*, *ou*, &c, ne sont point des Diphthongues, parce-qu'elles ne présentent qu'un son simple qui frappe l'oreille.

Il est cependant bien ordinaire de voir nommer *Diphthongues* ces Voyelles, *au*, *eau*, *ei*, *eu*, *ou*, &c. Erreur qui vient du faux principe que nous avons déja réfuté, que *les Voyelles sont des lettres*. On a vu deux ou trois lettres, qu'on a prises pour autant de Voyelles. On en a conclu que c'étoient des Diphthongues, sans faire attention qu'une Diphthongue doit nécessairement présenter deux sons à l'oreille, & que dès que deux ou trois lettres ne représentent qu'un seul son simple, elles ne sont toutes ensemble qu'une seule Voyelle. Plusieurs Grammairiens, convaincus de cette vérité, mais n'osant pas tout-à-fait s'élever contre le préjugé commun, les appellent *Diphthongues impropres*, ou *fausses Diphthongues* ;

c'eſt-à-dire, Diphthongues qui ne ſont pas des Diphthongues.

2°. Il eſt encore eſſentiel à la Diphthongue, de faire entendre ces deux ſons en un inſtant, & d'une ſeule émiſſion de voix. Car ſi les deux Voyelles ſe prononcent en deux temps diſtingués, elles forment alors deux Syllabes. Ainſi ces deux Voyelles, *i*, *en*, qui forment une Diphthongue dans ces mots, *bien*, *rien*, font deux Syllabes dans le mot *lien*, parcequ'elles ſe prononcent en deux temps, & par deux émiſſions de voix, *li-en*.

Comme on doit couler rapidement ſur le premier ſon, ce ſon eſt toujours foible. C'eſt pourquoi en François la premiere Voyelle eſt toujours l'une de ces trois Voyelles foibles, *i*, *u*, *ou*, quoique la derniere s'écrive ſouvent par un *o* ſimple

La plupart de nos Diphthongues ne ſont d'uſage que dans le diſcours ordinaire & familier : mais dans le diſcours ſoutenu, c'eſt-à-dire qui demande de la gravité & de la nobleſſe, le plus ſouvent les deux Voyelles ſe prononcent ſéparément, & on en fait deux Syllabes. *Voyez la Grammaire de M. Reſtaut*, ch. 17, & son *Abrégé des Régles de la Versification Françoise*.

La plupart des Grammairiens ne comptent que 18 Diphthongues dans la Langue Françoise. Neuf commencent par *i*, cinq par *ou*, & quatre par le son *u*.

TABLE DES DIPHTHONGUES.

1.	ia... *D*ia*cre*.	11	ouet. *r*ouet.
2.	ié... *amit*ié.	11	oè... *b*oète.
3.	iè... *lum*iè*re*.	11	oi... *R*oi.
4.	ieu. *D*ieu.	12.	oui... *enf*oui.
5.	io... *p*io*che*.	13.	ouan. *l*ouan*ge*.
6.	iou. *ch*iou*rme*.	14	ouin. *mars*ouin.
7.	ian.. *v*ian*de*.	14	oin... *du f*oin.
8.	ien.. *chrét*ien.	15.	ué.. *sit*ué.
9.	ion. *ambit*ion.	16.	uè... *éc*uè*lle*.
10	oua. oua*te*.	17.	ui... *cel*ui.
10	oa.. *bez*oa*rd*.	18.	uin.. *J*uin.

Les secondes Voyelles de plusieurs de ces Diphthongues se peuvent représenter de plusieurs autres manieres. Mais nous ne sommes occupés dans ce Chapitre, que des Sons des Voyelles. Les différentes manieres de les représenter feront l'objet du Chapitre III de la seconde Partie.

CHAPITRE

CHAPITRE II.

Des Consonnes.

ARTICLE PREMIER.

De la nature des Consonnes, & des causes qui les produisent.

Le mot *Consonne* signifie *qui sonne avec.* Les Consonnes sont ainsi nommées, parcequ'elles sonnent avec les Voyelles, & qu'il est impossible de les prononcer seules sans le secours d'une Voyelle.

En effet, les Consonnes sont des articulations ou modifications des sons : elles sont, pour ainsi dire, certaines formes ou nuances, qui affectent les Voyelles, lorsque les différentes positions des levres, de la langue ou des dents mettent obstacle au passage de la voix, & qui cessent aussitôt que le passage est entiérement libre.

Pour bien sentir ceci, & pour parvenir à connoître la nature des Consonnes, il est bon d'examiner la maniere dont s'operent quelques-unes de ces articulations ou modifications des Voyelles.

A, eſt une Voyelle ſimple. Si j'ouvre la bouche, & que je prononce enſuite cette Voyelle, elle rendra le ſon pur, *a*, ſans aucune articulation, parceque la voix n'a trouvé aucun obſtacle à ſon paſſage.

Mais ſi ce n'eſt que dans l'inſtant même que la voix veut ſortir, que j'ouvre la bouche, la voix ſortant rapidement forme une eſpece de mugiſſement, ſemblable à celui que fait le vent en entrant dans une porte qui s'entr'ouvre ; & ce mugiſſement fait entendre le ſon, *ma*. Or la différence qui ſe trouve entre le ſon ſimple, *a*, & le ſon articulé, *ma*, eſt préciſément ce qu'on appelle la Conſonne *m*.

Si je preſſe un peu les levres l'une contre l'autre, la voix faiſant effort les pouſſe un peu en dehors pour les écarter, & lorſque le paſſage vient à s'ouvrir on entend le ſon, *ba*. Si mes levres font plus de réſiſtance, la voix fait un plus grand effort, & les repouſſe plus fortement en dehors ; ce qui produit le ſon, *pa*. Voici donc deux nouvelles Articulations de la même eſpece ; une foible qui eſt la Conſonne *b*, & une forte qui eſt la Conſonne *p*.

Si je fais rentrer un peu en dedans ma levre inférieure, & que je faſſe gliſſer ma voix entre les dents d'en haut & cette levre inférieure, ma voix produira une eſpece de ſifflement qui fera entendre le ſon, *va*, ſi l'effort de ma voix eſt foible ; & le ſon, *fa*, ſi cet effort eſt plus conſidérable. Cette autre poſition des levres occaſionne donc deux nouvelles Articulations de même eſpece ; une foible qui eſt la Conſonne *v*, & une forte qui eſt la Conſonne *f*.

Il en eſt de même des autres Conſonnes.

En un mot, pour produire les Conſonnes, il faut que la voix trouve à ſon paſſage un obſtacle formé par quelque poſition des levres, ou de la langue, ou des dents. Alors, l'effort que la voix fait pour forcer cet obſtacle ; les différentes formes de l'étroite iſſue qui ſe préſente d'abord à ſon paſſage, & qui s'élargit de plus en plus dans le même inſtant ; enfin les différents mouvemens ſubits & momentanés des organes qui ſe remettent dans une ſituation propre à laiſſer paſſer la voix : toutes ces cauſes, dis-je, donnent à la voix différentes especes d'agitations, de vibrations, de trémoussemens qui, sans rien changer au son principal & primitif des Voyelles qu'on prononce, produisent ces différentes Articulations ou modifications qui affectent les Voyelles, & que l'on nomme *Consonnes*. Quelques-unes de ces Consonnes, quoique produites de la même maniere & par les mêmes causes, sont néanmoins fortes ou foibles, selon que la voix fait un effort plus ou moins grand pour vaincre l'obstacle qui s'oppose à son passage.

C'est ainsi que le vent, lorsqu'il passe par des fentes ou des trous de différentes formes, rend différens sons, quelquefois assez bien articulés, sur-tout lorsqu'un morceau de papier un peu décollé, ou quelque autre corps vacillant, met obstacle à son passage.

ARTICLE II.

Conséquences évidentes qui résultent de ce qu'on vient d'expliquer.

I. *Les Consonnes ne sont pas des Sons proprement dits.*

Les Consonnes n'étant que des agitations ou trémoussemens que différentes causes donnent à la voix, dans l'instant qu'elle veut sortir pour se répandre au dehors, elles ne sont point des voix, ni par conséquent des *Sons proprement dits* ; elles ne sont que des articulations ou modifications des Voyelles.

Je dis qu'elles ne sont pas des *Sons proprement dits*. Car on peut absolument les appeller des *Sons*, en n'entendant par ce mot, *Son*, que l'impression que la Consonne fait sur l'oreille.

II. *Une Consonne ne peut se prononcer qu'avec une Voyelle.*

Une Consonne ne peut être prononcée seule. Il faut nécessairement pour la faire entendre, qu'on la joigne à une

Voyelle. Je puis bien presser mes levres & les ouvrir ensuite subitement, ou bien je puis mettre ma langue en différentes positions, & la déplacer ensuite tout d'un coup : mais on n'entendra aucun son, du moins clair & distinct, si je ne fais pas sortir en même temps une voix de ma poitrine.

III. *Une Consonne & une Voyelle ne font qu'un seul Son, qu'on nomme* Son articulé

Une Voyelle ainsi jointe à une Consonne, ne fait donc avec cette Consonne, qui la modifie, qu'un seul son, qu'on nomme *Son articulé*. Ainsi entre un Son simple & un Son articulé, ou une Voyelle simple & une Voyelle articulée ; par exemple, entre le Son simple, *a*, & les Sons articulés, *ma*, *ba*, *pa*, *va*, *fa*, &c, il n'y a de différence que celle qui se trouve entre une cire nue, & la même cire chargée tantôt d'une empreinte & tantôt d'une autre. Comme c'est toujours la même cire qui frappe les ieux, quoique de différentes manieres, selon les différentes empreintes qu'elle reçoit ; de même c'est toujours le même son qui frappe l'oreille, quoique différemment, ſi on le prononce ſimplement, *a*, ou ſi on le prononce avec différentes Articulations ou différentes Conſonnes, comme, *ma*, ou *ba*, ou *pa*, &c : en un mot, ſelon les différentes impreſſions ou modifications que la voix a reçues en ſortant de la bouche.

IV. *Il faut faire prononcer les Sons articulés ſans faire épeller.*

Il faut par conſéquent faire prononcer tout d'un coup aux Commençans les Sons articulés, comme, *ba*, *bé*, *boient*, *beu*, *bou*, ſans leur faire nommer les lettres les unes après les autres, ce qu'on appelle *épeller*. Car, ſoit qu'on leur faſſe dire, ſelon l'ancienne Méthode, *bé*, *o*, *i*, *enne*, *té*, Sons qui ne peuvent pas leur donner la moindre idée du Son *boient*, qu'on veut leur faire prononcer ; ſoit que, ſuivant la nouvelle Méthode, on leur faſſe dire, *beu*, *ê*, pour exprimer le même Son, *boient* ; on leur donne des idées fauſſes, en leur faiſant entendre que cette Syllabe ſimple eſt compoſée de pluſieurs Sons, quoiqu'il n'y en ait qu'un ſeul. L'uſage où l'on eſt de les faire épeller, ne peut donc ſervir qu'à leur mettre beaucoup de confuſion dans l'eſprit, & d'ailleurs qu'à leur cauſer beaucoup de peines & de difficultés, qui les retardent, & ſouvent les rebutent.

V. *La Conſonne précede toujours en quelque ſorte la Voyelle qu'elle modifie.*

La Conſonne n'articule que le commencement de la Voyelle qu'elle modifie; & par conſéquent elle la précede toujours en quelque ſorte. En effet, la Conſonne ne ſe produit que dans l'inſtant précis que la voix force l'obſtacle qui l'arrêtoit. Dès que le paſſage eſt libre, la voix coulant librement, ne reçoit plus de modification, & on n'entend plus que la Voyelle. Ainſi la Conſonne n'eſt qu'un éclat de voix, qu'on peut très bien comparer à cet éclat qu'on entend, lorſque le vent vient à enfoncer un morceau de papier ou quelqu'autre choſe qui lui fermoit le paſſage; éclat qui paſſe dans l'inſtant; après quoi on n'entend plus que le bruit ſourd que fait le vent en entrant par le paſſage qu'il s'eſt ouvert.

D'où il faut conclure, que la Conſonne n'eſt point un Son permanent,

& qu'au contraire il n'y a rien qui paſſe ſi vîte que les Conſonnes, puiſqu'elles paſſent plus vîte que le Son même de l'*e muet*, qui de toutes les Voyelles eſt celle ſur laquelle on peut couler le plus rapidement, & que c'eſt toujours le Son de la Voyelle qui frappe l'oreille en dernier.

Il y a cependant ſept Conſonnes; ſçavoir les ſix Sifflantes, *v*, *ſ*, *j*, *ch*, *z*, *ſ*, & la Conſonne *r*, qui peuvent durer quelque temps; mais ce ne peut être qu'avec un ſon très ſourd & très confus, un peu approchant des Sons de notre *e muet* ou de la Voyelle *i*. Ce qui produit cet effet, c'eſt que l'obſtacle qui occaſionne ces ſept Conſonnes, ne ferme pas totalement le paſſage de la voix, & laiſſe quelques ouvertures par leſquelles l'air peut gliſſer & s'échapper. Mais lorſqu'on prononce ces Conſonnes avec une Voyelle bien diſtincte & bien formée, comme les Voyelles veulent un paſſage parfaitement libre, l'obſtacle ne peut ſubſiſter; l'Articulation ceſſe en même temps; on n'entend plus rien du ſon de la Conſonne, & l'oreille n'eſt plus frappée que du ſon de la Voyelle.

VI. *Les Consonnes qui terminent une Syllabe se prononcent avec un* e muet *suppléé.*

Quelques personnes objecteront peut-être, qu'il n'y a rien de si commun que de voir des Consonnes suivre des Voyelles, comme dans ces Syllabes, *al*, *ar*, *el*, *ir*, & cent autres semblables.

Mais que ces personnes fassent attention :

1°. Que la Voyelle qui précede la Consonne n'influe en rien pour la *faire sonner*. (Je ne dis pas pour la *produire* ; car souvent la Voyelle qui précede la Consonne, prête sa force à la Voyelle suivante pour vaincre l'obstacle qui ferme le passage de la voix, & pour produire ainsi la Consonne. Mais cette Voyelle précédente n'est pas celle qui la fait sonner ; car la Consonne ne sonne qu'avec la Voyelle qu'elle modifie, & elle ne peut modifier ou articuler que la Voyelle qui la suit.) Pour s'en convaincre, il n'y a qu'à chanter sur plusieurs Notes ces Syllabes, *al*, *ar*, ou autres semblables. On sentira qu'on ne prononce qu'une pure Voyelle aux premieres Notes, & que ce n'est qu'à la fin de la derniere Note qu'on fait entendre la Conſonne.

2°. Que quoiqu'il n'y ait point de Voyelle exprimée après cette Conſonne, il faut néceſſairement ſuppléer un *e muet*, à la vérité extrêmement foible, ſans lequel la Conſonne ne pourroit point ſe faire entendre. Pour faire ſentir ceci, prenons pour exemples ces deux mots, *égal*, *deſir*, qui ſe prononcent de même que ces deux autres, *j'égale*, *je deſire*. Or dans ces deux derniers mots, on voit bien que c'eſt l'*e muet* qui fait ſonner les Conſonnes, *l* & *r*. C'eſt donc le même *e muet*, quoique non exprimé, mais ſuppléé, qui fait ſonner ces mêmes Conſonnes, *l* & *r*, dans ces deux mots, *égal*, *deſir*.

Il eſt bon d'obſerver que l'*e muet* n'eſt exprimé après la Conſonne qu'il fait entendre, que quand cette Conſonne & l'*e muet* doivent faire, dans le diſcours ſoutenu, une Syllabe particuliere & détachée de la Syllabe précédente. Car dans le diſcours ordinaire & familier, de ces deux Syllabes, on n'en fait le plus ſouvent qu'une ſeule.

VII. *Les Consonnes qui précedent immédiatement une autre Consonne, ne se prononcent de même qu'avec l'* e muet.

Il suit encore de tout ce que nous avons observé ci-dessus, que plusieurs Consonnes ne peuvent se prononcer de suite, qu'en suppléant après chacune de celles qui ne sont pas suivies d'une Voyelle, un *e muet*, dont le son extrêmement foible passe avec tant de rapidité, qu'il n'empêche pas qu'on ne puisse prononcer toutes ces Consonnes dans une seule Syllabe, & d'une seule émission de voix. Ainsi dans la premiere Syllabe de ce mot, *structure*, on entend clairement ces quatre Sons, *se te ru que*, dont les deux premiers & le quatrieme passent si rapidement, qu'ils ne font avec le troisieme, qui est le principal, que la seule Syllabe *struc*.

VIII. *Il faut apprendre aux Commençans à prononcer les Consonnes avec l'* e muet, *& leur faire dire*, be, de, fe; *au lieu de*, bé, dé, effe, *&c.*

Enfin, pour donner aux Commençans toute facilité à lire & à prononcer plusieurs Consonnes de suite dans une même Syllabe, le meilleur moyen, & le plus naturel, eſt que, lorſqu'on commencera à leur montrer les Lettres, & à leur faire connoître les Conſonnes, on les leur faſſe prononcer au moyen de l'*e muet : me, be, pe, ve, fe, je, che, ze, ſe, de, te, le, ne, re, gue, que, gne,* & *ille ;* comme à la fin de ces mots, *j'ai*me, *je tom*be, *Aga*g, *un ſa*c, *je ga*gne, *je trava*ille : & que quand ils connoîtront bien les Voyelles & les Conſonnes ſéparément, on leur faſſe connoître & prononcer en un ſeul ſon toutes les Syllabes ſimples, comme, *ma, mé, mê, moient, meu, mou, mon,* &c ; ce qu'ils apprendront bien vîte.

Par-là on épargnera, tant aux Maîtres qu'aux Diſciples, bien des peines, des embaras, des dégoûts, des impatiences, &c. Il n'y aura plus de Syllabes, ſi composées & ſi difficiles qu'elles puiſſent être, que les Commençans ne puiſſent venir à bout de prononcer ſans peine & ſans difficulté.

Prenons pour exemples ces deux mots latins, *ſcrobs* & *ſtirps.* (On ne nous accuſera pas ſurement d'en choiſir de trop aiſés.) Je les montre à un enfant qui ne ſçait encore que prononcer les Consonnes & les Syllabes simples, comme nous avons expliqué ci-dessus. Il commence à prononcer, *se*, *que*, *ro*, *be*, *se*, & *se*, *ti*, *re*, *pe*, *se*. Je lui dis : Prononcez tous ces sons vîte & d'un seul port de voix. L'enfant dit alors tout d'un coup, *scrobs*, *stirps*, sans peine & sans être obligé de deviner. Cet enfant est donc en état de lire & de prononcer toutes sortes de Syllabes.

Je prends un autre enfant, qui ne connoît non plus que ses lettres, & à qui on les a fait prononcer, *bé*, *cé*, *dé*, *effe*, &c. Je lui montre cette Syllabe, *cla*. Il me dit, en épellant, *cé*, *elle*, *a* : & il en reste là. Il faut que je lui dise, *cla*. Car il ne trouve rien dans tous ces Sons, *cé*, *elle*, *a*, qui puisse lui donner l'idée de *cla*. Il répete après moi, *cla*, comme feroit un écho : & ce ne sera qu'après avoir répeté vingt fois, *cé*, *elle*, *a*, *cla*, qu'il pourra retenir que cet assemblage de lettres se prononce, *cla*. Combien n'aura-t-il pas de peine à apprendre d'autres Syllabes plus difficiles, comme, *blan*c, *creu*x, *stru*c*t*ure, &c ? De sorte que, par cette maniere ancienne d'épeller & de faire prononcer les lettres, il faut autant de leçons, plus ou moins longues & difficiles, à apprendre par cœur, qu'il y a de Syllabes dans la Langue. Combien cela ne fait-il pas perdre de temps ? Combien cette ancienne Méthode ne cause-t-elle pas d'embaras, de difficultés, & d'incertitudes à ceux qui apprennent à lire ?

De-là vient que, excepté ceux qui ont fait leurs Etudes, on trouve si peu de personnes qui sçachent passablement lire, quoiqu'ils aient été aux Ecoles pendant plusieurs années. De-là vient encore, que tant de peres & meres ne veulent point envoyer leurs enfans aux Ecoles, parcequ'il faut qu'ils y aillent trop long-tems, & qu'ils ont besoin d'eux : ou que tant d'enfans rebutés par les difficultés qu'ils trouvent à la lecture, y renoncent & ne veulent point apprendre. Enfin, c'est de-là que très peu de personnes aiment la Lecture, & en peuvent profiter ; parceque ne lisant qu'avec beaucoup de peine, les difficultés qu'elles trouvent à chaque instant les empêchent de comprendre ce qu'elles lisent, & ne font que leur rendre la Lecture ennuyeuse & dégoutante.

ARTICLE III.

Du nombre des Consonnes.

On ne compte ordinairement dans la Langue Françoise que dix-huit Consonnes. Nous croyons cependant, avec plusieurs habiles Grammairiens, en devoir compter vingt & une, pour les raisons que nous exposerons ci-après, aux *Articles V* & *VI.*

On verra ces 21 Consonnes exposées dans la Table suivante, & rangées selon les différentes causes qui les produisent.

Celles d'une même espece, c'est-à-dire, qui sont produites par les mêmes dispositions & les mêmes mouvemens des parties de l'organe de la voix, y sont placées l'une vis-à-vis de l'autre, c'est-à-dire, les Consonnes foibles vis-à-vis des Consonnes fortes qui leur répondent.

TABLE

TABLE DES CONSONNES considérées seulement par rapport à leurs sons.

Consonnes foibles.	Cinq Labiales.	*Consonnes fortes.*
	1. M.	
2. B.	Maxime.	3. P.
Bombe.		Pompe.
4. V.		5. F.
Vin de Grave.		Fief.
	Quatre Sifflantes.	
6. J.		7. Ch.
Joue. *dis*-je.		Chiche.
8. Z.		9. S.
Zizanie.		Samson.
	Cinq Linguales.	
10. D.		11. T.
D'Inde.		Tinte.
12. L.	13. N.	14. R.
L'asyle.	Narine.	Redire.
	Deux Gutturales.	
15. G.		16. Qu.
Goguenard.		Coquemar.
	Cinq Mouillées.	
17. Gu.		18. Qu.
Gueux.	19. Gn.	Queue.
20. ï.	*Regne.*	21. ill.
Faïance.		*V*aillance.

Les cinq premieres Consonnes sont nommées *Labiales*, du mot Latin, *labia*, qui signifie les levres, parcequ'elles sont produites par les différentes positions & les différens mouvemens des levres. *Voyez ce que nous en avons dit ci-dessus*, pages 34 & 35.

Les quatre suivantes sont nommées *Sifflantes*, parceque la voix, en sortant, produit une espece de sifflement: *v* & *f*, que nous avons mis au rang des *Labiales*, sont aussi Sifflantes. Ainsi il y a six Sifflantes, *v*, *f*, *j*, *ch*, *z* & *s*. Quelques-uns les appellent encore, *Dentales*, parceque les dents contribuent beaucoup à la production de ce sifflement. Nous l'avons fait voir ci-dessus, page 35, en expliquant la maniere dont on produit le *v* & le *f*.

J & *ch*, se prononcent en faisant glisser la voix entre les dents presque fermées.

Z & *s*, se produisent en faisant glisser la voix entre la langue & les dents d'en haut.

Les cinq suivantes se nomment *Linguales*, parcequ'elles sont produites par les différens mouvemens & les différentes positions de la langue.

D & *t*, ſe forment en élevant le bout de la langue, qu'on fait toucher aux dents d'en haut près du palais. C'eſt ce qui a déterminé quelques-uns à les nommer, mal-à-propos, *dentales*. Je dis *mal-à propos*, parceque les dents ne contribuent en rien à la production de leur ſon, qui vient uniquement de la ſituation & du mouvement de la langue. Car on peut prononcer ces mêmes Conſonnes, en faiſant toucher le bout de la langue au palais, ſans toucher aux dents.

L & *n*, ſe prononcent en faiſant toucher le bout de la langue au palais, en l'éloignant davantage des dents.

R : cette Conſonne ſe produit en faiſant recoquiller la langue, en l'élevant vers le palais, qu'elle ne touche que très légérement.

Les ſept Conſonnes ſuivantes ſont auſſi *Linguales*, parcequ'elles ſe produiſent par les différentes poſitions de la langue. Mais pour les diſtinguer, on leur donne des noms particuliers.

La quinzieme & la ſeizieme ſe nomment *Gutturales*, du mot *guttur*, la gorge ; parcequ'elles ſe produiſent par le mouvement de la langue, qui ſe gonflant au fond de la bouche à l'entrée de la gorge, ferme le paſſage de la voix, & l'ouvre enſuite ſubitement en ſe dégonflant. Ces deux Conſonnes ne ſe prononcent qu'avec ces ſix Voyelles, *a*, *e* muet, *o*, *ou*, *an* & *on*; & jamais avec les ſept autres, qui ſont affectées aux *g* & *qu* mouillés.

Les cinq dernieres Conſonnes ſe nomment *Conſonnes mouillées*, parceque les différentes poſitions de la langue, qui s'élevant par ſon milieu, va s'appliquer au palais, excitent la ſalive, & rendent humide le paſſage de la voix.

De ces cinq Conſonnes, les deux premieres, qui ſont les dix-ſeptieme & dix-huitieme dans la Table ci-deſſus, ſe repréſentent par les mêmes caracteres, que les deux Gutturales; c'eſt ce qui fait qu'on les confond enſemble. Nous montrerons ci-après, à l'*Article V*, la réalité de ces deux Conſonnes, & en quoi elles different d'avec les deux Gutturales. Nous nous contenterons de dire ici, que ces deux Conſonnes ne ſe prononcent qu'avec les Voyelles, *é* ou *ai*, *è*, *eu*, *i*, *u*, *ain* ou *in*, & *un*.

La vingtieme Conſonne, *ï*, eſt auſſi confondue par un très grand nombre de personnes, avec la Voyelle *i*, parce-que la ressemblance des caracteres fait qu'on ne fait pas attention à la différence essentielle qu'il y a entre le Son de cette Consonne *ï*, & celui de l'*i* Voyelle. Nous tâcherons de faire sentir cette différence, ci-après, à l'*Article V.*

A toutes ces Consonnes, on joint ordinairement la lettre *h*, qui n'est ni Consonne ni Voyelle, puisqu'elle ne représente aucun Son, mais seulement une Aspiration forte qui se fait en prononçant une Voyelle ; comme dans ces mots, *la honte*, *la haine*, *le hâle.* Il n'y a qu'environ cent vingt mots dans la Langue Françoise où elle ait cet usage : elle est parfaitement inutile dans tous les autres mots.

ARTICLE IV.

Avantages de l'ordre qu'on a suivi dans la Table des Consonnes.

L'ordre que nous avons suivi dans la Table précédente, en exposant les Consonnes, paroîtra peut-être nouveau & singulier à plusieurs personnes.

Il a cependant déja été proposé, & suivi, à quelques légeres différences près, par de très habiles Grammairiens. Nous avons cru le devoir préférer à l'ordre alphabétique qu'on suit ordinairement, parcequ'il nous a paru être plus naturel, & renfermer des avantages considérables.

1°. Il fait sentir, &, pour ainsi dire, toucher au doigt, les rapports que les Consonnes ont entre elles, en rapprochant & mettant sous les ieux toutes celles qui proviennent des différentes dispositions & des différens mouvemens d'un même organe : ce qui les rend plus aisées à retenir.

2°. Il fait encore sentir d'une maniere palpable, les différences qui se trouvent entre les Consonnes qui proviennent de la même disposition d'un même organe, c'est-à-dire, entre les foibles & les fortes ; différences qu'on a bien de la peine à mettre dans la tête des enfans, & que des personnes raisonnables ne conçoivent que très difficilement. Combien ne voit-on pas de gens qui, soit en parlant, soit en écrivant, confondent, *b* avec *p* : *v* avec *f* : *j* avec *ch* : *z* avec *f* : ou bien, *z* avec *j* :

& *ch* avec *ſ*: *d* avec *t* : *g* avec *qu*: &c. Les uns ayant, comme on dit ordinairement, la mâchoire lourde, ne prononcent que les Conſonnes fortes, & ne peuvent s'accoutumer à prononcer les foibles. D'autres, ſur-tout les femmes, ont une prononciation ſi molle & ſi lâche, qu'il ſemble qu'ils craignent de ſe bleſſer la bouche en prononçant les Conſonnes fortes. Telles ſont la plupart des perſonnes qui ont ce qu'on appelle *le parler gras*, que quelques-uns affectent comme ſi cette maniere de prononcer étoit du bel air. D'autres enfin, quoique gens d'eſprit, ne peuvent cependant fixer leur imagination ſur la valeur de ces Conſonnes, qu'elles mettent ſouvent l'une pour l'autre, & prononcent ou écrivent, *carder* pour *garder*, &, *garder* pour *carder* ; *cran* pour *grand*, &, *grand* pour *cran* ; *de la poutre* pour *de la poudre*, &, *une poudre* pour *une poutre* ; *l'ache*, ou *l'aſſe*, ou *l'aze*, pour *l'âge*.

Or pour fixer invariablement la vraie prononciation des Conſonnes, & la valeur des caracteres qui les repréſentent, rien ne paroît meilleur que de les mettre, ainſi que nous avons fait, en opposition les unes vis-à-vis des autres, les foibles vis-à-vis les fortes, & de ranger dans les mêmes classes, celles qui sont produites par les mêmes organes.

ARTICLE V.

Des trois Consonnes mouillées, gu, qu & ï.

La plupart des Grammairiens ne comptent que 18 Consonnes. Cependant on en trouve 21 dans la Table ci-dessus. C'est trois de plus, qui sont, un *gu*, un *qu* mouillés, & un *ï* mouillé foible, opposé à *ill*, qui est une Consonne forte.

Ces trois Consonnes, qui sont très réelles, & que de très habiles Grammairiens ont bien distinguées, n'ont point de caracteres propres pour les représenter. Les mêmes lettres, *g* ou *gu*, *qu* ou *c*, servent à représenter les Consonnes ou Articulations mouillées de ces mots, *gai*, *gué*, *quai*, *caisse*, aussi bien que les Consonnes gutturales de ces autres mots, *gare*, *vogue*, *qualité*, *calice*. Les Lettres *ï* & *y* désignent autant la Voyelle *i* dans ces mots, *laïc*, *il y a*, que la Consonne mouillée *ï* dans ces autres mots, *païen*, *moyen*.

Cette ressemblance de caracteres pour des Consonnes si différentes, fait qu'on prononce tous les jours les unes & les autres sans y faire réflexion, & sans soupçonner même qu'il puisse y avoir entre elles quelque différence. Ce qui forme un préjugé, dont quantité de personnes ont beaucoup de peine à se désabuser.

§. I. Gu & qu *mouillés.*

Si l'on veut cependant faire attention à la maniere dont on prononce les Consonnes *g* ou *gu*, *c* ou *qu*, avec les Voyelles, *é*, *ai*, *e* ouvert, *eu*, *i*, *u*, *ain*, *in*, & *un*; comme dans ces mots, *gué*, *gai*, *guet*, *guêtres*, *vigueur*, *gui*, *aigu*, *gain*, *marqué*, *quai*, *loquet*, *qu'est-ce*, *laquais*, *belliqueux*, *qui*, *publicain*, *le quint*, *chacun*, on pourra s'appercevoir aisément, que la prononciation en est bien différente de celle des Consonnes gutturales. 1°. Elles font une toute autre impression sur l'oreille,

Ga & *qua*, rendent un ſon bien plus dur que, *gai* & *quai*. 2°. Lorſqu'on les prononce, il ſe fait dans la bouche un mouvement fort différent. Car l'Articulation qui produit *ga* & *qua*, ſe fait au fond de la bouche vers la gorge, la langue ſe gonflant vers ſa racine, & ſe dégonflant enſuite ſubitement ; au lieu que pour l'Articulation qui produit *gai* & *quai*, la langue s'élevant par ſon milieu, va s'appliquer au palais, & ſe remet tout d'un coup dans ſa ſituation naturelle.

Ces Conſonnes mouillées, *g* & *qu*, pourroient abſolument ſe prononcer avec les Voyelles, *a*, *o*, *u*, &c, comme avec, *é*, *è*, *eu*, *i*, &c ; & de même les Conſonnes gutturales pourroient ſe joindre à toutes ſortes de Voyelles. Mais il a plu au génie de la Langue Françoiſe de partager les Voyelles entre ces deux eſpeces de Conſonnes ; de n'accorder aux Gutturales que ces ſix Voyelles, *a*, *e* muet, *o*, *ou*, *an* & *on*, & de donner les ſept autres, *é* *è*, *eu*, *i*, *in* & *un*, aux *g* & *qu* mouillés.

Ce partage, ſelon toutes les apparences, eſt en partie cauſe qu'on n'a point assigné à ces deux especes de Consonnes différens caracteres pour les représenter, parcequ'il n'y a gueres lieu de se méprendre en prononçant une mouillée au lieu d'une gutturale, ou une gutturale au lieu d'une mouillée, la vue de la Voyelle déterminant quel est le son qu'on doit donner à la Consonne.

Mais, en même temps, il est la cause que les esprits, distraits par la vue des mêmes caracteres *g* & *qu*, ne font pas attention, qu'on les prononce autrement avec *a*, par exemple, qu'avec *é*; & qu'ainsi ils ne s'apperçoivent pas de la différence bien réelle qui se trouve entre ces deux especes de Consonnes : quoique, lorsqu'on les prononce, on leur donne le vrai son que chacune doit avoir avec les Voyelles qui lui sont affectées; & que même on sçache bien se moquer de ceux qui les prononcent avec des Voyelles qui ne sont pas de leur district; comme par exemple, de ceux qui prononcent *qualité* avec un *qu mouillé*, ou, *laquais* avec un *qu guttural*.

§. II. *Du* ï mouillé.

Avec un peu d'attention, on remarquera de même très aisément, que *ï mouillé* est une Consonne foible, qui répond à *ill*, qui est de toutes nos Consonnes la plus difficile à prononcer. Aussi voit-on beaucoup de gens qui, au lieu de prononcer cette Consonne forte, *ill*, lui substituent ce *ï mouillé*, qui est beaucoup plus doux, & disent, *pa-ïe*, *Versa-ïes*, *travaïer*, au lieu de *paille*, *Versailles*, *travailler*.

Pour se convaincre pleinement de la réalité de cette Consonne, il suffiroit, je pense, de comparer ensemble ces deux mots, *Abbaye* & *paye*, qui du côté de l'Ecriture ont la même terminaison, quoique l'on en prononce bien différemment les dernieres Syllabes. Dans l'un & dans l'autre, le caractere *y* tient la place de deux *ii*, dont le premier appartient aux Syllabes *bai*, & *pai* : le second *i*, fait partie de la derniere Syllabe : *Abbai-ie*, *pai-ïe*. Dans ce mot *Abbai-ie*, on entend clairement le son du second *i*. Mais il n'en est pas de même dans le mot *pai-ïe*, qui ne peut rimer avec *Abbai-ie*.

Or ce ſecond *i*, du mot *pai-ïe*, eſt une Conſonne, & en a tous les caracteres. 1°. Il ne peut ſe prononcer ſeul comme les Voyelles ; il faut néceſſairement le joindre à une Voyelle, au moins à un *e muet*. Si on en doute, qu'on tâche de ſupprimer l'*e muet* de ce mot, *paye*, & on verra qu'il eſt impoſſible de le faire ſans en anéantir la derniere Syllabe, & il ne reſtera plus que la Syllabe *pai :* au lieu qu'en ſupprimant l'*e muet* du mot *Abbaye*, il reſtera toujours à la derniere Syllabe le ſon du ſecond *i*, qu'on fera bref, quoiqu'il doive être long ; *Abbai-i*.

2°. Après ce *ï mouillé*, s'il n'y a point de Voyelle, il faut, pour le prononcer, ſuppléer néceſſairement un *e muet*, comme après toutes les autres Conſonnes. Dans l'exclamation *ai*, on ſupplée le ſon foible de l'*e muet*. Car ſans cela, il faudroit prononcer *ai*, comme *è*, ou *é*, ou *a-i*. On n'entend aucun de ces Sons. Mais on entend *a-ïe*, prononcé d'un ſon moins fort que, *ail*. La lettre *i* n'eſt donc point ici une Voyelle, puiſqu'on n'entend point d'*i* dans ce mot, *ai*. C'eſt donc une Conſonne foible, qui ſert à articuler le ſon de l'*e muet*, qu'on entend, quoiqu'il ne ſoit point exprimé.

3°. Cette Conſonne peut articuler toutes ſortes de Voyelles, même la Voyelle *i*. Dans la ſeconde Syllabe de ce mot, *nous payions*, qui ſe prononce autrement que, *nous payons*, & qu'on peut partager ainſi, *pai-iions*, on n'entend diſtinctement qu'un ſeul *i*, mais articulé ; parconſéquent le premier *i* de cette ſeconde Syllabe eſt une Conſonne.

Un Grammairien, de la Société Littéraire d'Arras, objecte, que ſi dans les exemples propoſés ci-deſſus, *i* eſt Conſonne, il le ſera auſſi dans ces mots, *bien*, *mieux*, & qu'il faudra faire auſſi des Conſonnes de *u* & de *ou*, quand ils précéderont des Voyelles, comme dans ces mots, *huile*, *oui*. La raiſon qu'il en apporte, c'eſt que *les parties de la bouche ne ſont point arrangées, quand on prononce* i, u *&* ou, *dans* mieux, huile, oui, *préciſément comme elles le ſont quand on prononce ces Sons dans* ignorant, *dans* union, *& dans* ouvrage.

Si ce différent arrangement des parties de la bouche eſt auſſi réel que cet Auteur le prétend, il faut avouer qu'il n'eſt pas bien ſenſible. Mais, en lui donnant toute la réalité qu'il voudra, il ne s'enſuivra jamais qu'on puiſſe faire des Conſonnes de ces trois Voyelles, *i*, *u*, *ou*, dans les mots qu'il propoſe. Car 1°. on entend toujours leur Son, bien diſtingué de la Voyelle ſuivante. 2°. On peut abſolument ſéparer ces trois Voyelles, & les prononcer ſeules, *mi-eux*, *hui-le*, *ou-i*. Ce ſeroit à la vérité mal prononcer; mais le diſcours n'en deviendroit pas pour cela obſcur & inintelligible. Eſt-il poſſible d'en faire autant à ces mots, *paye*, *payons*? Si je prononçois ainſi, *il a reçu ſa pai-i-e*; qui eſt-ce qui comprendroit ce que je voudrois dire? Si je diſois, *lorſque nous pai-i-ons*, ne penſeroit-on pas que je parle d'un payement paſſé, tandis que je veux parler d'un payement préſent? & on ne m'entendroit pas. D'où il faut conclure que ce *i mouillé*, étant inſéparable de la Voyelle ſuivante, eſt une Conſonne véritable, au lieu que dans les exemples de notre Grammairien, l'*i*, l'*u* & l'*ou* ne ſont que de pures Voyelles.

Nous conviendrons cependant, avec quelques autres Grammairiens, que nul

Son n'approche plus de la Voyelle *i*, que ce *ï mouillé*. En effet, pour prononcer l'*i voyelle*, & le *ï mouillé*, la langue eſt à-peu-près dans la même ſituation. Toute la différence (eſſentielle cependant) qui s'y trouve, & qui rend le dernier Conſonne, c'eſt que pour prononcer l'*i voyelle*, la langue, qui s'approche beaucoup du palais, laiſſe un intervalle, à la vérité très petit, par lequel la voix coule librement ; au lieu que pour le *ï mouillé*, elle bouche entiérement, ou en partie, le paſſage de la voix : & lorſque ce paſſage vient à s'ouvrir, la voix éclate bruſquement, & produit le ſon de ce *ï mouillé*, qui s'unit tellement à la Voyelle ſuivante, qu'on n'entend plus qu'un ſeul ſon articulé.

Quand le paſſage de la voix n'eſt pas entiérement fermé, la voix qui s'échape fait entendre d'abord le ſon plus ou moins foible de la Voyelle *i*; & dans l'inſtant même, le mouvement ſubit de la langue qui ſe remet dans ſa diſpoſition naturelle, change ce ſon *i*, en un *ï mouillé* qui articule la Voyelle ſuivante. C'eſt ce qui arrive lorſqu'on prononce certains mots, comme, *Naïade*, *Pléïade*,

Pléïade, *nous suppléïons*, *nous louïons*, dont l'*ï* tient & de la Voyelle *i*, & un peu du *ï mouillé*. C'est peut-être pour cela que quelques-uns l'appellent *demi-Consonne*. Si on vouloit absolument prononcer ces mots, *Naïade*, &c, sans que l'*ï* contractât rien du Son mouillé, il faudroit, en le prononçant, le séparer de la Voyelle suivante, & dire, *Na-i-ade*, *Plé-i-ade*, *nous supplé-i-ons*, *nous lou-i-ons*; & on feroit ainsi mal-à-propos deux Syllabes de ce qui n'en doit faire qu'une. On entendroit cependant toujours ce qu'on voudroit dire. Mais on n'en peut pas faire autant en prononçant ces mots, *ai*, exclamation de douleur, *paye*, *payons*, *payions*; car, comme nous l'avons déja fait observer, on ne peut pas prononcer, *a-i*, *pai-i-e*, *pai-i-ons*, *pai-i-i-ons*, sans rendre le discours inintelligible, ou le faire prendre à contre sens. D'où il faut conclure, que dans ces derniers mots, & d'autres semblables, le *ï mouillé* est une Consonne pleine; puisque l'on n'y entend rien du son de l'*i voyelle*, & que le *ï mouillé* ne fait qu'un seul Son avec la Voyelle suivante, ou avec l'*e muet*, qu'on est obligé de suppléer :

au lieu que dans, *Pléiade*, *nous louions*, &c, ce n'eſt qu'un *i voyelle* qu'on veut prononcer, & ce n'eſt qu'accidentellement que cet *i* ſe change en *ï mouillé*.

ARTICLE VI.

Utilité de la connoiſſance de ces trois Conſonnes. Uſage qu'un Maître en doit faire. Différentes manieres de les repréſenter.

Les réflexions qu'on vient de faire ſur ces trois Conſonnes mouillées, *g*, *qu* & *ï*, paroîtront peut-être plus curieuſes qu'utiles, à certaines perſonnes, qui conviendront même de leur juſteſſe, & de la réalité de ces trois Conſonnes. A quoi bon, diront-elles, tant inſiſter ſur des Sons qui ſe produiſent, pour ainſi dire, machinalement, & ſans qu'on y faſſe attention?

Mais 1°. N'eſt-il pas très important de faire connoître à un François tous les Sons & toutes les Articulations qui ſont d'uſage dans ſa Langue? N'eſt-il pas eſſentiel, puiſqu'on eſt obligé de faire une exacte énumération des Conſonnes, de rendre cette énumération complette, en exprimant toutes les Consonnes, même celles auxquelles le défaut de caracteres propres à les représenter empêche de faire attention ?

2°. Cette connoissance n'est-elle pas nécessaire pour enseigner aux Etrangers tous les Sons de notre Langue ? Et, sans parler des Etrangers, combien ne voit-on pas de personnes, surtout de certaines Provinces de France, qui prononcent de la gorge ces mots, *gai*, *gain*, *qui*, *qu'est-ce*, *laquais*, & mille autres semblables ? ce qui rend leur parler extrêmement dur & désagréable. Combien ne voit-on pas encore de personnes, à la vérité peu instruites, qui ne sçavent comment prononcer ce *ï mouillé*, lorsqu'il se rencontre dans leurs Lectures, parcequ'ils le confondent avec un *i voyelle*, & qu'ils n'en ont pas d'autre idée que celle de l'*i voyelle ?* Ils se trouvent arrêtés tout d'un coup, & ne peuvent déchiffrer ni comprendre des mots, qu'ils prononcent tous les jours dans la conversation avec toute l'aisance possible. Car il n'y a pas de Son plus aisé à prononcer que le Son du *ï mouillé* foible, ni qui se forme plus naturellement.

Or ces perſonnes tomberoient-elles dans de tels inconvéniens, ſi elles avoient eu des Maîtres vraiment inſtruits de tous les différens Sons de notre Langue, qui les euſſent garanties ou guéries de ces mauvaiſes habitudes, en leur apprenant comment il faut prononcer ces Conſonnes dans les différentes occaſions.

On ne doit pas cependant conclure de ceci, qu'il faille qu'un Maître entreprenne de mettre toutes ces diſtinctions dans la tête des Commençans. Il ne feroit que les jetter, & ſe jetter lui-même, dans des embaras inſurmontables, qui ne ſerviroient qu'à les fatiguer, les dégouter, & les retarder, bien loin de les avancer. Il faut obſerver que ceux qui apprennent à lire, ſçavent déja parler juſqu'à un certain point. Leurs oreilles ſont accoutumées à ces Sons. Ils prononcent tout naturellement, *gai*, *caiſſe*, *qui*, autrement que *gare*, *caſſe*, *quoi*. Ils diſent fort bien, *de la faïance*, *un moyen*. Toute leur attention ſe borne à lier à des caracteres ces Sons, qu'ils connoiſſent déja par l'uſage, & à apprendre quels ſont les caracteres deſtinés à les repréſenter. Ils ne font d'ailleurs nulle attention à la différence qui ſe trouve entre ces différens Sons exprimés par les mêmes Lettres. Ainſi le Maître doit laiſſer, pour ainſi dire, agir la nature, & abandonner ſes Diſciples à eux-mêmes, tant qu'ils iront bien. Mais lorſqu'il entendra un enfant prononcer avec un *c guttural* ce mot, *caiſſe*, comme le mot *caſſe*, ou prononcer, *qualité*, avec un *qu mouillé*, comme ce mot, *laquais*; c'eſt alors qu'il devra l'arrêter, & faire ſon poſſible pour garantir ou guérir cet enfant de cette mauvaiſe prononciation; & pour cela il faut que le Maître ſoit inſtruit des différens ſons que ces lettres, *g*, *qu*, *ï*, *y*, repréſentent.

C'eſt pourquoi nous n'inſiſterons pas davantage ſur ces trois Conſonnes; & lorſque nous parlerons des caracteres ou lettres qui ſervent à repréſenter les Sons, & que nous donnerons des Tables pour l'uſage des Commençans; nous n'expoſerons que dix-huit Conſonnes, comme la plupart de nos Grammairiens; nous contentant de renvoyer à ce que nous avons expliqué dans ce Chapitre.

Cependant, pour ne rien laiſſer à

desirer sur ce sujet, nous marquerons ici les différentes manieres de représenter ces trois Consonnes.

1°. La Consonne mouillée *gu*, se représente par un *g* simple, devant *ai* & *ain*; exemples, *gai*, *gain*: par *gu*, devant *e*, soit *ouvert*, soit *fermé*, & devant *eu*, *i* & *in*; exemples, *gué*, *guet*, *gueux*, *guide*, *guindé*. Elle se représente encore par *gui*, dans ces deux mots, *figuier*, *viguier*: mais alors elle a un son un peu plus mouillé.

2°. La Consonne mouillée *qu*, se représente par *c*, devant *ai*, *ain* & *un*; exemples, *caisse*, *publicain*, *chacun*. Ordinairement elle est représentée par *qu*. Dans les mots tirés du Grec, on l'écrit par *ch*, comme dans, *Chersonèse*, *Archi-Episcopal*; & par *k* dans des mots étrangers, comme ces noms de villes, *Kelles*, *Kenoque*, *Kiovie*. Enfin, on la représente par *qui*, dans ces mots, *Echiquier*, *Perruquier*, & deux ou trois autres semblables: mais alors on la prononce d'un son un peu plus mouillé.

3°. La Consonne mouillée *ï*, suivant le sentiment de nos meilleurs Grammairiens, ne devroit être représentée que par cet *ï*, que les Imprimeurs appellent *ï trema*, dans tous les mots où il n'eſt pas précédé d'un autre *i*. Ainſi on devroit toujours écrire, *païen*, *aïeul*, *faïance*, &c. Cependant bien des perſonnes écrivent encore ces mots par un *y grec*, qui ne devroit être employé que dans les cas dont nous allons parler.

Dans tous les autres mots, ou le *ï mouillé* eſt précédé d'un autre *i*, à la place de cet *i* & du *ï mouillé*, on met un *y grec*, dont la jambe gauche & la plus courte, tient la place de cet *i*, qui fait partie de la Syllabe précédente ; & la plus longue jambe, qui eſt à droite, repréſente le *ï mouillé*, comme dans ces mots, *moyen*, *payeur*, *eſſayons*.

Tel devroit être le ſeul & unique uſage de l'*y grec*, au milieu des mots. C'eſt pourquoi il ſeroit à ſouhaiter qu'on n'écrivît pas, par un *y grec*, ces mots, *pays*, *nous pryons* (de l'Imparfait) *Abbaye*, &c, parcequ'il n'y a point de *ï mouillé* dans ces mots ; & qu'on s'accoutumât à les écrire par deux *ii*, *paiis*, *priions*, *Abbaiie*, (*a*) ſurtout ce dernier mot, *Abbaiie*, afin que les Etrangers ne ſoient pas tentés de le prononcer

(*a*) On pourroit encore écrire, *Abbéie*, & ce ſeroit peut-être le mieux.

comme le mot *paye*. Si tout le monde ne convient pas de l'utilité de cette légere réforme, il eſt du moins certain qu'on ne doit pas admettre d'*y grec*, ni d'*ï trema*, dans, *baie*, *voie*, *joie*, &c, parcequ'il n'y a point de *ï mouillé* dans ces mots; mais ſeulement la Voyelle *ai*, ou la Diphthongue *oi*, qu'on prononce en traînant un peu la voix.

ARTICLE VII.

Utilité de la connoiſſance du méchaniſme des Conſonnes.

Il nous a paru néceſſaire de donner, en expoſant les Conſonnes, une idée légere, mais la plus claire & la plus ſenſible que nous avons pu, de leur méchaniſme; c'eſt-à-dire, des divers mouvemens, & des diverſes poſitions, ſoit des levres, ſoit de la langue ou des dents, qui contribuent à donner à la voix ces différentes Articulations. S'il reſte quelque choſe à deſirer ſur ce ſujet, ce ne peut être qu'à l'égard des cinq Conſonnes mouillées, & des deux liquides *l* & *n*, dont nous n'avons pu expoſer le méchaniſme qu'en général, ſans expliquer les petites différences, qui ſe trouvent dans la maniere dont ſe fait le mouvement de la langue pour la prononciation de chacune de ces Conſonnes, & dans les parties du palais auxquelles la langue va s'appliquer. Ces petites différences ſont ſenſibles à ceux qui veulent faire une aſſez grande attention pour lès remarquer. Mais il ne nous a pas été poſſible de trouver des termes aſſez clairs pour les exprimer.

Ce qui nous a déterminés à entrer dans ce détail, c'eſt que, comme nous l'avons déja fait voir, rien n'eſt plus propre à faire connoître la nature des Conſonnes, que de repréſenter la maniere dont elles ſe produiſent.

D'ailleurs il nous a paru qu'il étoit d'une grande importance aux Maîtres, d'avoir quelque connoiſſance de ce méchaniſme, pour en faire uſage dans les occaſions. Il n'eſt pas rare de voir des enfans, que la Nature ſeule n'inſtruit pas aſſez de la maniere dont ils doivent s'y prendre pour prononcer certaines Conſonnes, quelque deſir qu'ils en aient, & quelques efforts qu'ils faſſent pour y parvenir. Il faut donc ſuppléer par l'Art, ce que la Nature n'a pu leur apprendre ; & pour cela, il eſt néceſſaire qu'un Maître ſçache ce qu'il faut faire pour prononcer telles ou telles Conſonnes. On nous permettra de prouver cette néceſſité par les deux faits ſuivans.

1°. Un enfant, juſqu'à l'âge de ſept ans environ, n'avoit jamais pu prononcer les Conſonnes gutturales, *g* & *qu*, au lieu deſquelles il prononçoit, *d* & *t*. Ainſi il diſoit, *totemar* pour *coquemar*, *dans* pour *gants*, *douter* pour *goûter*, &c ; ce qui ſouvent empêchoit qu'on ne comprît ce qu'il vouloit dire. Un Particulier vient dans la Maiſon, prend l'enfant, lui poſe le doigt ſur le bout de la langue, & le fait prononcer. La langue de l'enfant, retenue par le doigt, ne pouvant ſe relever, ſe gonfle vers ſa racine, & l'enfant prononce diſtinctement, *ga*, *ca*, *go*, *co*, &c. On réitéra ce petit exercice deux ou trois jours de ſuite, & depuis l'enfant prononça toujours bien ces deux Conſonnes.

2°. Une petite fille de cinq ans, qui ne manquoit pas de babil, parloit cependant ſi mal, qu'on ne pouvoit comprendre ce qu'elle diſoit. Elle ne pouvoit pas prononcer, *l* & *r* ; elle diſoit toujours, *ta*, *te*, *ti*, *to*, *tu*, au lieu de, *la*, *le*, *li*, *lo*, *lu*, & de, *ra*, *re*, *ri*, *ro*, *ru*. On la mena un jour chez un Curé, qui pour essayer de lui faire prononcer ces Consonnes, lui plaça avec son doigt le bout de la langue vers le palais, & lui ordonna de l'y laisser, de bien regarder ce qu'il feroit en prononçant, & de faire comme lui. Dans l'instant la petite fille prononça distinctement, *la*, *le*, *li*, *lo*, *lu*. Le Curé eut plus de peine pour la Consonne *r*, parcequ'il falloit lui faire recoquiller la langue. Enfin il en vint à bout, & elle prononça, *ra*, *re*, *ri*, *ro*, *ru*. Ce petit exercice dura un bon quart d'heure.

C'est par la connoissance qu'on a du méchanisme de la prononciation, que plusieurs personnes sont venues à bout de faire parler distinctement des sourds & muets de naissance. Ces personnes placent les sourds & muets devant une grande glace; leur disposent les levres, la langue, &c, dans la situation où ces organes doivent être pour prononcer tel ou tel Son, & leur ordonnent de regarder dans le miroir, de faire tout ce qu'ils verront faire à leur Maître, & de prononcer en même-temps les mêmes

Syllabes. En réitérant ſouvent ces exercices, avec le temps & une très grande patience, elles ſont parvenues à faire parler diſtinctement des ſourds de naiſſance, & à leur faire prononcer toutes ſortes de Syllabes. Mais le parler de ces ſourds eſt diſgracieux, en ce qu'ils ne prononcent les mots que par Syllabes détachées : *Mon...ſi...eur. L'o...bli...ga..ti..on*. Peut-être que ſi on les faiſoit parler plus ſouvent & plus long-temps, on les accoutumeroit à donner à leurs organes aſſez de ſoupleſſe & de mobilité pour prononcer les mots tout de ſuite, ſans mettre ainſi un intervalle entre chaque Syllabe.

Il eſt bon de remarquer que les ſourds de naiſſance prononcent de la gorge ces Syllabes, *gai*, *gain*, *gui*, *quai*, *quint*, *qui*, &c ; quoiqu'il ſoit plus facile de les prononcer d'un ſon mouillé. Cela ne vient que de ce que leurs Maîtres n'avoient pas fait aſſez d'attention à ces *Conſonnes mouillées*, qui ſe produiſent par des mouvemens de la langue fort différens de ceux qui ſervent à former les Conſonnes gutturales.

CHAPITRE III.

Des Sons articulés, des Syllabes & des Mots.

Une Voyelle ſeule, comme nous l'avons fait voir, forme un Son, qu'on appelle *Son ſimple.*

Une Conſonne & une Voyelle ne font pas deux Sons, mais un ſeul Son, que l'on nomme *Son articulé.*

Ainſi, un *Son articulé* n'eſt qu'une Voyelle modifiée ou nuancée par une Conſonne.

Les Sons, ſoit *ſimples*, ſoit *articulés*, ſervent à former les Syllabes.

Ce mot, *Syllabe*, vient d'un mot *grec*, qui ſignifie *aſſemblage*, parceque preſque toutes les Syllabes ſont un aſſemblage de Conſonnes & de Voyelles. Ce nom, à le prendre dans ſa ſignification propre, ne devroit pas convenir à celles qui ne ſont formées que par une ſimple Voyelle. Mais comme ces Syllabes ne ſont qu'en très petit nombre, & que d'ailleurs elles figurent dans le diſcours tout auſſi bien que les autres, on leur donne le même nom, confidérant plutôt leur nature que l'étimologie de ce mot, *Syllabe.*

Il y a plusieurs sortes de Syllabes : des Syllabes simples, & des Syllabes composées.

Les Syllabes simples sont celles qui ne présentent à l'oreille qu'un seul Son, soit *simple*, soit *articulé*. Ce mot, *a-li-é-na-ti-on*, est composé de six Syllabes simples, dont la premiere, la troisieme & la sixieme sont formées par des Sons simples, & les trois autres par des Sons articulés.

Les Syllabes composées sont celles qui font entendre plusieurs Sons. Les quatre mots suivans, *vrai*, *bien*, *ciel*, *bloc*, sont autant de Syllabes composées, dont les deux premieres contiennent chacune deux Sons, *ve-rai*, *bi-en*, les deux autres en font entendre trois, *Ci-e-le*, *be-lo-que.*

Il y a des Syllabes plus rares, qui font entendre quatre & cinq Sons. Nous en avons donné la preuve ci-dessus, dans la premiere Syllabe de ce mot, *structure*, & dans ces mots latins, *scrobs*, & *stirps.*

Ces Sons prononcés chacun séparément, chacun par une impulsion de voix particuliere, feroient autant de Syllabes : mais prononcés, comme il faut réellement les prononcer, rapidement & d'une ſeule impulſion de voix, ils n'en font qu'une.

Puis donc qu'une ſeule Syllabe peut faire entendre juſqu'à quatre ou cinq Sons, il eſt évident que ce n'eſt pas l'unité de ſon, mais que c'eſt l'unité d'impulſion ou d'émiſſion de voix qui conſtitue l'eſſence de la Syllabe.

Ainſi la Syllabe eſt une ſeule impulſion ou émiſſion de voix, qui fait entendre un ou pluſieurs Sons, ſoit ſimples, ſoit articulés.

Il arrive ſouvent que dans la converſation, on ne fait qu'une ſeule Syllabe, de ce qui en devroit faire deux. C'eſt ainſi qu'on prononce *av'nir*, *j'veux*, *trouv'ra*, pour, *avenir*, *je veux*, *trouvera*, parcequ'on coule trop vîte ſur l'*e muet*. C'eſt ce qui fait que quelquefois dans la prononciation, on ne met aucune différence entre, *fondra*, du Verbe *fondre*, & *fondera*, du Verbe *fonder*, & qu'on prononce, *il fond'ra* un Hôpital, comme, *il fondra* une cloche. Nous ne prétendons pas approuver toutes ces manieres de parler, même dans la converſation.

Mais il eſt bon de remarquer, que lorſqu'on fait ainſi une ſeule Syllabe de ce qui en devroit faire deux, ſi des deux Conſonnes qu'on rapproche alors, & qu'on joint enſemble, on veut prononcer celle qui eſt forte, il faut néceſſairement changer l'autre Conſonne, qui eſt foible, en la forte qui lui répond, & ainſi prononcer deux Conſonnes fortes. Si au contraire c'eſt la Conſonne foible qu'on veut prononcer, il faut ſubſtituer une Conſonne foible à la place de l'autre Conſonne forte, & prononcer ainſi deux Conſonnes foibles. Par exemple, ſi des deux Syllabes de ce mot, *cheval*, je n'en veux faire qu'une, & que je veuille prononcer la Conſonne forte *ch*, il faudra néceſſairement que je change le *v* qui ſuit, en *f*, qui eſt la Conſonne forte qui répond au *v*, & que je prononce *ch'fal*. Si au contraire c'eſt la Conſonne foible *v* que je veux faire entendre, il faudra alors que je change le *ch* qui précéde, en *j*, qui eſt la Conſonne foible qui lui répond, & que je prononce *j'val*.

La raiſon de ce changement eſt ſenſible. Puiſque de deux Syllabes on n'en fait qu'une, il n'y a plus qu'une ſeule impulſion

impulsion ou émission de voix. Or il est impossible de pousser la voix fortement & foiblement dans le même instant. Il faut qu'elle soit ou toute forte ou toute foible. C'est ce qui fait que, quoiqu'on écrive, *abstrait*, *obtenir*, *presbytere* & *Cap Verd*, on prononce *apstrait*, *optenir*, *prezbytere*, *Cab-Verd*; en changeant *b* en sa forte *p*, à cause des Consonnes fortes qui le suivent; & le *s* & le *p*, en leurs foibles *z* & *b*, à cause des Consonnes foibles qui sont ensuite.

Après tout ce que nous avons expliqué dans ce Chapitre, il paroît inutile d'avertir que c'est le nombre des Sons, & non pas la multiplicité des lettres qui forme une Syllabe composée. Une Syllabe est toujours simple, lorsqu'elle ne présente qu'un seul Son, quand même ce Son seroit représenté par trois, quatre, cinq, six, & même sept Lettres. Telles sont les Syllabes qui composent les mots suivans, *ils changeoient les sceaux*. Nous expliquerons cela plus amplement dans la seconde Partie, où nous parlerons des différentes manieres de représenter les Sons, par le moyen des Caracteres ou Lettres.

Les Syllabes servent à former les

Mots ou les paroles, c'est-à dire, ces différens Sons auxquels nous attachons nos idées, & par lesquels nous faisons connoître nos pensées à ceux qui nous écoutent.

Il y a des Mots qui n'ont qu'une seule Syllabe. On les appelle *Monosyllabes*, du mot grec *monos*, qui veut dire *seul*. Les mots qui composent la phrase suivante, sont tous Monosyllabes. *On n'est pur & saint, que quand on ne vit que pour Dieu, qu'on met tout son bien en Dieu, qu'on hait le mal, & qu'on fait tout ce que la Loi de Dieu nous dit.*

Les autres Mots sont composés de plusieurs Syllabes. Il n'y en a gueres dans notre langue qui en aient plus de sept. Ce mot latin *constantinopolitanensibus* en a dix.

SECONDE PARTIE.

Des Caracteres ou Lettres qui servent à représenter les Sons.

CHAPITRE PREMIER.

Nécessité de l'Ecriture. Comment elle a été inventée. De la destination & des différentes formes des Lettres.

IL ne suffisoit pas à l'homme, créé pour vivre en société avec ses semblables, de pouvoir transmettre ses pensées & les faire connoître aux autres hommes, par le moyen de certains Sons combinés, auxquels ils seroient convenus d'attacher leurs idées. Ce moyen lui donne, à la vérité, l'avantage de converser avec ceux qui sont présens devant lui & à portée de l'entendre. Mais combien l'homme n'a-t-il pas de besoins, qui lui rendent nécessaire le secours de ceux même qui sont les plus éloignés ; secours dont il seroit privé, s'il ne pouvoit leur communiquer ſes penſées & ſes deſirs ?

Il a donc fallu inventer d'autres ſignes viſibles & portatifs, au moyen deſquels il pût faire connoître aux abſens ſes penſées & ſes volontés les plus ſecretes. On commença par peindre, en tout ou en partie, les objets, ou du moins les traits caractériſtiques des objets, qu'on vouloit faire connoître aux abſens : & comme tous les objets de nos penſées ne ſont pas viſibles & ſenſibles, il fallut inventer des Symboles pour déſigner les choſes inviſibles ; comme Dieu, l'eſprit, la vertu, le vice, le travail, les vents, les ſaiſons, &c. On donna à ces ſignes, ſur-tout aux derniers, le nom d'*Hiéroglyphes*.

Mais ces ſignes n'étoient qu'une repréſentation bien ſéche des objets. Ils n'avoient ni force ni énergie. Ils ne pouvoient exprimer, ou du moins que très foiblement, les deſirs, les craintes & les autres paſſions. Ils ne pouvoient par conſéquent gueres toucher, remuer l'imagination, perſuader ; en un mot, faire toute l'impreſſion que les hommes en eſpéroient : ou bien il auroit fallu les multiplier à l'infini, comme chez les

Chinois, où ils sont encore en usage. Etant si multipliés, pour les connoître tous, il auroit fallu une grande étude, dont peu de personnes sont capables. Ainsi la plus grande partie des hommes se seroient trouvés privés des avantages qu'ils en auroient pu attendre.

On a donc cherché des moyens plus commodes. Quelqu'un ayant remarqué qu'il n'y avoit dans le Langage qu'un très petit nombre de Sons qui, combinés à l'infini, produisoient toutes sortes de mots, pensa qu'il seroit plus utile & plus court de dépeindre ces Sons. Mais comment mettre sous les ieux des Sons invisibles, qui ne peuvent fraper que les oreilles? Il imagina un petit nombre de caracteres, qu'on nomme *Lettres*, à chacun desquels il attacha l'idée de tel ou tel Son. Joignant ces caracteres les uns aux autres, il représenta les Syllabes, les Mots, & tout le Discours.

C'est de-là que nous vient cet Art ingénieux,
De peindre la Parole & de parler aux ieux;
Qui, par les traits divers de figures tracées,
Donne de la couleur & du corps aux pensées.

Toutes les Nations policées, à l'exception des Chinois, ayant reconnu les avantages de cette maniere de repréſenter les Sons, l'ont adoptée. Mais comme les Sons n'ont point de forme, & par conſéquent, qu'on n'a pu attacher les idées de ces Sons qu'à des ſignes arbitraires, chaque Nation s'eſt formée à ſon goût des Caracteres ou Lettres, pour déſigner les Sons de ſa Langue. De-là vient la différence qui ſe trouve dans la forme des Lettres Samaritaines, Hébraïques, Syriaques, Arabes, Ethiopiennes, Grecques, Latines, Allemandes ou Gothiques, &c. La plupart des Nations Européennes, comme les Italiens, les Eſpagnols, les Portugais, les Anglois, les Flamands, les François, &c, ſe ſervent des Lettres Latines, quoique leurs Langues ſoient bien différentes de la Langue Latine.

Ainſi les Lettres ſont des ſignes auxquels les hommes ſont convenus d'attacher l'idée des Sons.

C'eſt-à-dire, que les François, par exemple, ſont convenus entre eux, que quand les yeux appercevroient ces quatre lettres *Abel*, arrangées de cette maniere, ils ſe rappelleroient à l'eſprit, & produiroient de bouche les ſons du mot *Abel*.

Ce n'eſt pas que les figures *a*, *b*, &c,

ſoient, par leur nature, plus propres que d'autres à repréſenter les Sons *a*, *b*, &c; puiſque, comme nous l'avons déja remarqué, d'autres Nations expriment les mêmes Sons par d'autres figures : elles n'ont cet effet chèz les François, que parcequ'ils ſont convenus d'attacher l'idée des Sons *a*, *b*, à ces figures ou lettres *a*, *b*.

Auſſi ne s'en eſt-on pas tenu à une ſeule forme, pour exprimer chaque Son. Ces trois Lettres, *c*, *k*, *q*, ſervent à exprimer une ſeule Conſonne. Souvent différentes combinaiſons de pluſieurs Lettres jointes enſemble, ne repréſentent qu'une ſeule Voyelle : ainſi, *aî*, *ais*, *oî*, *ois*, *oient*, n'expriment que le ſon *ê*. Enfin, chaque Lettre a quatre formes différentes; exemple : A. a. *A*. *a*.

En conſidérant les Lettres du côté de leurs formes, on en diſtingue d'abord deux ſortes, dont nous nous ſervons ſuivant les différentes circonſtances; ſçavoir les Lettres *Romaines* & les Lettres *Italiques* ou *Batardes*.

Les Lettres Romaines ſont droites, & poſées perpendiculairement. Telles ſont, A, a; B, b; D, d; I, i; M, m,

&c. Ce ſont celles qui ſont d'un uſage ordinaire dans les Livres.

Les Lettres *Italiques* ou *Batardes* ſont poſées obliquement, & penchent par en haut vers la droite. Telles ſont, *A*, *a*; *B*, *b*; *D*, *d*; *I*, *i*; *M*, *m*, &c. Elles ſervent quand on veut diſtinguer un mot ou une phraſe, dans un diſcours, afin que le Lecteur y faſſe une attention particuliere.

On diſtingue encore deux ſortes de Lettres, ſoit Romaines, ſoit Italiques, ſçavoir les grandes Lettres, qu'on appelle *Majeures* ou *Capitales*; & les petites Lettres, qui ſe nomment *Mineures*.

Les Lettres Majeures, telles que A, *A*; B, *B*; C, *C*, &c, s'emploient dans les Titres des Livres. La premiere Lettre du mot qui commence une Phraſe, ou un Vers, doit toujours être une Majeure.

On met auſſi des Lettres Capitales au commencement des noms de Dieu, & des trois Perſonnes de la Sainte Trinité; des noms propres d'Anges; d'Hommes; de Royaumes, Provinces, Villes & autres Lieux; de Fleuves, Rivieres, Torrens, &c; de Dignités & Qualités, de Tribunaux & Juriſdictions, de Sciences ; d'Arts, de Profeſſions, de Fêtes, de Sectes, de Sociétés ou Congrégations, de Mois, & de tout ce qui eſt le principal objet du Diſcours.

Enfin on s'en ſert encore, mais très rarement, pour certains Mots, ou certaines Phraſes qui exigent du Lecteur une attention toute ſinguliere.

Les Lettres *Mineures* ſont celles qu'on emploie dans le Diſcours courant & ordinaire. Telles ſont les Lettres, a, *a*; b, *b*; d, *d*, &c.

CHAPITRE II.
Des Noms des Lettres.

ARTICLE PREMIER.

De l'Alphabet & de l'Ordre Alphabétique. Ses Usages. Nombre & noms des Lettres, Remarques sur les Consonnes j *&* v.

Le Catalogue de nos Lettres s'appelle *ALPHABET*, ou *ABÉCÉ*. Ce mot *Alphabet* vient des noms *Alpha*, *Beta*, que les Grecs donnoient aux deux premieres Lettres de leur Catalogue. Le nom *Abécé*, est formé de la réunion des noms que nous donnons aux trois premieres Lettres du nôtre.

Notre *Alphabet* ne contient que vingt-trois Lettres, que voici :

A, b, c, d, e, f, g, h, i, k, l, m, n, o, p, q, r, s, t, u, x, y, z.

Outre ces vingt-trois Lettres, nous avons les deux Consonnes j & v, dont nous parlerons ci-après, qui avec les vingt-trois autres, font vingt-cinq Lettres en tout.

L'ordre dans lequel ces Lettres sont rangées dans l'Alphabet, se nomme

Ordre Alphabétique. C'eſt ſelon cet ordre qu'on range les mots dans les Dictionnaires, les Tables de Matieres, &c. On met d'abord ceux qui commencent par *A* ; enſuite ceux qui commencent par *B*, &c : & les derniers ſont ceux qui commencent par *Z*. Ce même ordre s'obſerve encore à l'égard des mots qui ſont renfermés ſous une même Lettre initiale, en faiſant attention aux ſecondes, aux troiſiemes & autres Lettres de ces mots. Ainſi, parmi les mots rangés ſous la Lettre *A*, ceux qui commencent par *Ab*, ſont placés devant ceux qui commencent par *Ac*, & ainſi de ſuite. De même, ceux qui commencent par *Aba*, ſont devant ceux qui commencent par *Abb*, &c.

Quoique les Lettres aient d'abord été inventées pour être les ſignes des Sons, l'Ordre Alphabétique donne moyen de les faire ſervir à beaucoup d'autres uſages, dont il ſeroit difficile de faire l'énumération. Le plus ordinaire, eſt de les employer pour déſigner l'ordre des choſes. Un Artiſte, par exemple, marque d'un *A* la premiere piéce d'un Ouvrage ; d'un *B* la ſeconde ; d'un *C* la troiſiéme, & ainſi de ſuite. Et il donne à chaque piéce le nom de la Lettre dont il l'a marquée ; ainſi il les nomme la piéce *A*, la piéce *B*, la piéce *C*, &c.

Pour faire ſervir les Lettres à tant d'uſages, il a fallu leur donner des noms. Les Nations ne s'étant point accordées ſur les formes ou figures des Lettres, n'ont pas été plus d'accord ſur les Noms qu'elles leur ont donnés. De-là vient tant de différence dans les Noms que chaque Peuple a donné à ſes Lettres. Les Hébreux appellent les leurs *Aleph*, *Beth*, *Ghimel*, &c. Les Grecs ſe ſervent de ces Noms, *Alpha*, *Beta*, *Gamma*, &c. Voici ceux que nous donnons à nos Lettres.

A. Bé. Cé. Dé. É. Effe. Gé. Hache. I. Ka. Elle. Emme. Enne. O. Pé. Quu. Erre. Eſſe. Té. U. Ixe. Y grec. Zede.

Les deux Conſonnes *j* & *v*, n'ont point encore de place dans notre Alphabet : elles n'ont point non plus de noms fixes. Cependant, dans les Livres pour l'uſage de ceux qui apprennent à lire, on place le *j* après l'*i*, & le *v* après l'*u*. Quelques Maîtres les appellent *ji* & *vé*, d'autres *je* & *ve*. Le plus grand nombre les appelle encore *i* & *u conſonnes*. Voila deux Lettres bien mal partagées. La cauſe de leur infortune vient de ce qu'autrefois les caracteres *i* & *j*, *u* & *v*, s'employoient indiſtinctement pour repréſenter les Voyelles *i* & *u*, & les Conſonnes *j* & *v*. On écrivoit *iambe*, pour *jambe*; *liure*, pour *livre*; *Vrie*, pour *Urie*; *vtile*, pour *utile*.

Il y a près de deux cens ans, que quelques perſonnes judicieuſes ont commencé à n'employer les Lettres *j* & *v*, que pour déſigner des Conſonnes, & à reſtreindre l'*i* & l'*u* à la fonction de Voyelles. Mais il n'y a gueres plus de quatre-vingt-dix ans que cette pratique eſt devenue univerſelle.

Auparavant, le *j* ne s'employoit que dans les mots où ſe trouvent deux *ii* de ſuite, & il y étoit toujours le dernier. Ces mots latins, *iis*, *aliis*, *ingenii*, s'écrivoient ainſi, *ijs*, *alijs*, *ingenij*; c'eſt ce qui a donné lieu de mettre un *y* grec pour deux *ii* dans ces mots, *pays*, *moyen*, qu'on écrivoit *paijs*, *moijen*, parceque cet *i* court, qui eſt à la gauche, & cet *j* long, qui eſt à la droite, ont formé par la négligence de marquer les deux points, une figure fort ſemblable à l'*y* grec écrit à la main.

La Lettre *v* ſe mettoit toujours au

commencement des mots. Ainſi on écrivoit *vſage*, *vtile*, auſſi-bien que *vérité*. L'*u* ne s'employoit qu'au milieu des mots. Ainſi on mettoit un *u* dans ces mots, *leuer*, *liure*, pour *lever*, *livre*, comme dans ceux-ci, *louer*, *reliure*.

Comme ces manieres d'écrire, *iure*, *ieux*, *verue*, & quelques autres ſemblables, pouvoient également repréſenter les mots, *jure*, *jeux*, *verve*, & ceux-ci, *ivre*, *ieux*, une *verue*; pour diſtinguer ces mots, & empêcher qu'on ne s'y méprît, on s'étoit aviſé d'écrire ainſi les derniers, *yure* pour *ivre*, *yeux*, *veruë*. C'eſt de-là qu'eſt venu le mauvais uſage d'écrire par un *y grec* ces mots, *yvre*, *yvoire*, les *yeux*; & il eſt étonnant de voir quelques perſonnes s'obſtiner à le conſerver. Pour les deux points qu'on mettoit ſur l'*e* dans ces mots, *veruë*, *moruë*, *nouër*, *louër*, &c, il n'y a pas longtemps qu'on les y mettoit encore : mais enfin on eſt venu à bout de les ſupprimer.

Lorſqu'on eut reconnu la néceſſité de n'employer *j* & *v* que comme Conſonnes, & de ne ſe ſervir de l'*i* & de l'*u*, que comme Voyelles, on ſe trouva dans l'embarras pour les Lettres

Majeures ou Capitales ; car le *j conſonne* & l'*u voyelle* n'en avoient point. Les Hollandois furent les premiers qui employerent ces Lettres Capitales, *J* & *U*, que nos Imprimeurs nomment en conſéquence *J* & *U d'Hollande*.

C'eſt donc avec beaucoup de raiſon, qu'on s'eſt enfin déterminé à diſtinguer, par des caracteres propres, les deux Conſonnes *j* & *v*, des deux Voyelles *i* & *u*. Mais il ſeroit encore à ſouhaiter 1°. qu'on donnât à ces deux Conſonnes des noms fixes, & des places certaines dans notre Alphabet. 2°. Que dans les Dictionnaires, les Tables de Matieres, & tous les autres Ouvrages où l'on ſuit l'Ordre Alphabétique, on eût ſoin de ranger en quatre claſſes ſéparées, les mots qui commencent par *I*, *J*; *U* & *V* : au lieu qu'on continue à ne faire qu'une claſſe des mots qui commencent par *I* & *J* ; & une autre claſſe de ceux qui commencent par *U* & *V* : ce qui forme, par ce mélange de mots qui commencent tantôt par une Voyelle & tantôt par une Conſonne, une bigarure dont il eſt étonnant que les Sçavans & tant de Gens de bon goût n'aient pas ſenti le ridicule.

ARTICLE II.

§. I. *Différence des Noms des Lettres, & des Sons qu'elles repréſentent.*

Il faut obſerver que ces Noms, *bé*, *cé*, *dé*, *effe*, &c, ne ſont donnés aux Lettres que pour rappeller à l'eſprit leurs formes & leurs figures. Ainſi quand on me parle d'un *bé*, mon imagination ſe repréſente une figure faite de cette façon, *B* ou *b*. Mais ces Noms doivent être bien diſtingués des Sons que ces Lettres repréſentent. Car,

1°. Dans les différentes Langues, on donne différens Noms à des Lettres qui ſont deſtinées à repréſenter les mêmes Sons. Les Lettres que les Hébreux appellent *Beth*, *Daleth*, *Lamed*, & celles que les Grecs nomment *Beta*, *Delta*, *Lambda*, ne repréſentent pas d'autres Sons que celles que nous nommons *bé*, *dé*, *elle*. Cependant, quelle différence entre ces Noms ! Les Noms des Lettres ne ſont donc pas les Sons que ces Lettres repréſentent.

2°. Sans aller chercher ſi loin, n'avons-nous pas dans notre Alphabet ces trois

trois Lettres, *c*, *k*, *q*, que nous nommons de trois noms bien différens, *cé*, *ka*, *cu*, & qui cependant représentent toutes trois le Son *que*, comme on peut le voir dans ces trois Syllabes, *oc*, *ok*, *oq*, qui se prononcent toutes trois *oque*; au lieu que si les Noms des Lettres étoient la même chose que leurs Sons, il faudroit prononcer *océ*, *oka*, *ocu*; ce qui seroit du plus parfait ridicule.

3°. Souvent même il n'y a aucun rapport entre les Noms des Lettres & les Sons qu'elles représentent. Quelle ressemblance trouvera-t-on entre ces noms *cé*, *gé*, *pé*, *hache*, & les Sons que ces Lettres, *c*, *g* & *ph* ont à la fin de ces mots, *sac*, *Agag*, *Asaph*, que l'on prononce *saque*, *Agague*, *Asafe?* Quel rapport y a-t-il entre ces Noms, *cé*, *hache*, *a*, *enne*, *té*, & le Son *chant?* entre ces autres Noms, *a*, *i*, *emme*, *o*, *i*, *é*, *enne*, *té*; & ces deux Sons *è-mê*, qu'on entend dans le mot *aimoient?*

§. II. *Qu'il ne faut point faire épeller.*

Puisqu'il y a tant de différence entre les Noms des Lettres & les Sons qu'elles représentent, il faut conclure, que lorsqu'on enseigne à lire, comme tout ce qu'on a à faire eſt de fixer l'imagination des Diſciples, afin de les bien accoutumer à unir l'idée des Sons à la vue des Lettres, il faut laiſſer là les Noms des Lettres, & ſe contenter de faire prononcer les Sons en montrant les Lettres, ou les combinaiſons de Lettres deſtinées à les repréſenter. Ainſi, en montrant aux Diſciples ces différentes combinaiſons, *ba*, *beau*, *ban*, *boient*, il faut les accoutumer à prononcer tout d'un coup *ba*, *bô*, *ban*, *bê*, ſans leur faire nommer les Lettres, ou comme on dit ordinairement, ſans les faire *épeller*. Agir autrement, c'eſt commencer par les perdre & les égarer, avant que de les conduire au but; c'eſt les jetter dans des incertitudes & des embarras, dont on a enſuite bien de la peine à les faire ſortir : c'eſt enfin les induire en erreur, puiſqu'on leur fait prendre les Noms des Lettres pour les Sons de ces Lettres, & qu'on leur préſente pluſieurs Sons dans des Syllabes qui n'en ont qu'un.

Depuis quelque temps, beaucoup de Maîtres ont renoncé à faire dire aux Commençans, par exemple, *cé*, *hache*, *a*, *cha*; *pé*, *é*, *a*, *u*, *peau*; *chapeau*, ayant ſenti le ridicule de cette maniere de faire épeller. Ils s'y prennent d'une autre façon, faiſant dire, *che*, *a*, *cha ; pe*, *eau*, *peau ; chapeau*, ou autrement, *che*, *a*, *pe*, *au ; chapeau*. J'avoue que cette nouvelle Méthode d'épeller a moins d'inconvéniens que l'ancienne, qu'elle eſt plus facile, & qu'elle donne moins de peine aux enfans. Mais elle n'eſt pas ſans défauts. 1°. C'eſt toujours une peine aux Commençans de retenir que *che a* fait *cha :* & puiſqu'il faudra toujours qu'ils apprennent à prononcer *cha-peau*, pourquoi uſer de circonlocutions & de détours, & ne leur pas faire dire tout d'un coup *chapeau*. 2°. Il n'eſt pas vrai que *che a* faſſe *cha*, ſur-tout étant néceſſaire d'appuyer ſur cet *e muet* qu'on ſupplée. *Che*, étant un Monoſyllabe, & la voix ne pouvant être ſoutenue, on ne peut le prononcer autrement que *cheu ;* or *cheu a* ſera toujours *cheu a*, & jamais *cha*.

On dira que cet *e* dans *be*, *ce*, *de*, &c, eſt plus aiſé à être élidé ou mangé par la Voyelle ſuivante, que l'*é fermé* qu'on prononce en diſant *bé*, *cé*, *dé*. Cela ſeroit vrai, ſi c'étoit un *e muet* qui ne ſe prononçât pas : mais dans ces Monoſyllabes *be*, *ce*, *de*, &c, l'*e* n'eſt pas un *e muet* proprement dit ; c'eſt un *e obſcur*, ou plutôt la Voyelle *eu*, puiſqu'on eſt obligé de la prononcer fortement, & de lui donner le ſon *eu*. Or on ne peut pas faire plus aiſément *ba*, de *beu a*, que de *bé a*. Mais quand cela feroit, il faut toujours convenir qu'on chargeroit les Commençans d'une opération au moins inutile, puiſqu'on pourroit leur apprendre à dire tout d'un coup *ba* : & que ce ſeroit les induire en erreur, puiſqu'on leur feroit entendre, par cette Méthode, qu'il y a deux Sons dans *ba*, quoiqu'il n'y en ait qu'un ſeul.

C'eſt pourquoi, ſans vouloir abſolument condamner la nouvelle maniere de faire épeller, nous penſons qu'il eſt bien plus court d'apprendre aux Commençans à prononcer, à la premiere vue, les Syllabes ſimples. Pour les Syllabes compoſées, elles ne leur feront pas la moindre difficulté. Nous l'avons fait voir aſſez clairement au *Chapitre II des Conſonnes*, *Article I*, *N°. VIII*. Voyez encore au *Chapitre* ſuivant, après la *Table des Conſonnes*, *N°. I*, quelques inconvéniens qui réſultent de l'habitude d'épeller.

§. III. *Qu'il ne faut point abolir les anciens Noms des Lettres. Mais qu'il ne faut les faire connoître aux Disciples, que quand ils seront avancés dans la Lecture.*

On auroit tort de conclure de tout ce que nous venons de dire dans les §. précédens, qu'il faudroit abolir les Noms qu'on a donnés aux Lettres, & leur en substituer d'autres. Ces Noms sont anciens, & nous viennent de nos peres : c'est une raison de les conserver. De plus, ils sont d'un usage si universel, qu'on n'a point droit de les changer de son autorité privée. Il ne s'agit que de s'en servir à propos. Qu'un Mathématicien se serve de ces Noms dans les opérations d'Algébre, ou dans les démonstrations de Géométrie ; qu'un Artiste les emploie pour distinguer les différentes piéces d'un Ouvrage ; qu'un Maître à écrire vous dise que pour faire une *esse*, une *elle*, un *ixe*, il faut s'y prendre de telle ou telle maniere ; qu'un Grammairien même vous enseigne que *mais*, Préposition, s'écrit par *emme*, *a*, *i*, *esse*, au lieu [illegible] Pronom possessif, s'écrit par *emme*, *é*, *effe*, il n'y a aucun inconvénient. Dans tous ces cas, on eſt plus occupé de la figure de la Lettre, que du Son dont elle peut être le ſigne. Il importe donc fort peu qu'on donne tels ou tels noms à telles ou telles figures ; & puiſque l'uſage leur a accordé ces Noms, *a*, *bé*, *cé*, *dé*, *é*, *effe*, &c, ce ſeroit, je penſe, une témérité, que de vouloir les changer ſans raiſon, & de ſa propre autorité.

Il en eſt de même de l'Ordre Alphabétique. On doit le conſerver, puiſqu'il eſt, pour ainſi dire, conſacré par un uſage ſi général & ſi ancien. Mais qu'un Maître, voulant faire mieux ſentir les différences & les rapports que les Sons ont entre eux, & lier davantage dans l'eſprit de ſes Diſciples les idées de ces Sons avec les Lettres qui les repréſentent ; que ce Maître, dis-je, s'écarte pour cela de l'Ordre Alphabétique, je ne crois pas qu'on puiſſe trouver à redire à ſa conduite, pourvu que, lorſque ſes Diſciples ſçauront lire, il ait ſoin de leur bien apprendre les Noms ordinaires des Lettres, & cet Ordre, ſelon lequel on a coutume de les ranger, que l'on nomme *Ordre Alphabétique*,

Ce qui ne ſera pas bien difficile, puiſqu'il ne s'agit que de leur faire apprendre par cœur les vingt-trois Noms des Lettres compriſes dans notre Alphabet, & de les exercer pendant quelques jours à chercher des Mots dans un Dictionnaire.

CHAPITRE III.

Que les Sons de notre Langue ſe repréſentent de pluſieurs manieres. Difficultés qui en réſultent. Remède à ces inconvéniens.

NOus avons fait voir, dans la premiere *Partie de ce Traité*, qu'il y a dans notre Langue treize Voyelles, & au moins dix-huit Conſonnes. Il ſeroit bien avantageux que nous euſſions au moins trente-un Caracteres ou Lettres, afin que chaque Voyelle & chaque Conſonne eût ſon Caractere propre. On auroit bientôt appris à lire, & ſans aucune difficulté. Mais cela n'eſt pas. Nous n'avons que vingt-cinq Lettres, dont il faut encore rabattre cinq. Car, 1°. il ne faut point compter l'*H*, qui ne repréſente qu'une aſpiration, & qui le plus ſouvent ne ſert à rien. 2°. Il ne faut point non plus compter ces quatre Lettres, *C*, *K*, *X* & *Y*, qui ne ſervent qu'à repréſenter des Sons déja représentés par d'autres Lettres. Le *C* s'emploie pour deux Sons, qui sont déja représentés par *qu* ou par *ſ*. Le *K* a la même valeur que *qu*. L'*X* n'eſt proprement qu'une abréviation, qu'on emploie ou pour *gz*, ou pour *cs* : quelquefois il ne vaut qu'un *z*, ou qu'une *ſ*, ou qu'un *q*. Enfin l'*Y* n'a pas d'autre Son que la Lettre *i*.

Ainſi, n'ayant de Caracteres que pour vingt Sons ; pour repréſenter les onze qui reſtent, on a pris deux moyens, mais moyens qui ne ſervent qu'à occaſionner beaucoup de difficultés à ceux qui apprennent à lire. 1°. On a fait ſervir pluſieurs Lettres à repréſenter pluſieurs Sons bien différens. 2°. On a joint ou combiné pluſieurs Lettres ; & par ces combinaiſons, on a repréſenté d'autres Sons, bien différens de ceux que ces mêmes Lettres repréſentent, priſes ſéparément.

Les difficultés ſeroient moins grandes & moins multipliées, ſi l'on n'avoit employé que le ſecond moyen, & ſeulement pour les Sons qui manquent de Caracteres propres. Mais c'eſt ce qu'on n'a pas fait. On ſe ſert ſouvent d'une même Lettre, ou d'une même combinaiſon de Lettres, pour représenter plusieurs Sons; & on représente par plusieurs Lettres ou plusieurs combinaisons de Lettres, des Sons qui pourroient n'être représentés que par une seule Lettre ou une seule combinaison de Lettres: de sorte qu'il y a des Sons qui ont cinq, six & même dix manieres de se représenter. Ce qui occasionne bien des incertitudes & des embarras à ceux qui apprennent à lire.

Pour remédier à ces inconvéniens, quelques personnes ont proposé des Plans de nouvelle Orthographe, si différens les uns des autres, & dont quelques-uns étoient si bizares & si ridicules, qu'il n'est pas étonnant qu'ils n'aient pas fait fortune. Mais quelque raisonné que pût être celui qu'on voudroit présenter, il faut convenir que le reméde seroit pire que le mal. Car il faudroit, ou réformer tous les Livres, chose impraticable, ou se résoudre à priver les simples de la Lecture de tant de bons Livres en tout genre faits pour eux, & qui ne pourroient plus être lus que par les Sçavans: ou bien il faudroit nécessairement qu'on apprît à lire deux fois, 1°. selon la nouvelle Orthographe,

2°. ſelon l'ancienne ; ce qui ne feroit que multiplier les difficultés. Outre cela, il faudroit autant de fois changer l'Orthographe, qu'il ſurviendroit de changemens dans la prononciation ; changemens auxquels les Langues vivantes ſont très ſujetes.

Il vaut donc mieux laiſſer notre Orthographe telle qu'elle eſt ; ou ſi, pour de bonnes raiſons, on y fait quelque changement, qu'il ſoit, comme ſont ceux qu'on y a déja faits depuis environ cinquante ans, tel qu'il ne puiſſe la rendre méconnoiſſable ; & il n'y a qu'à chercher quelqu'autre moyen plus facile pour les perſonnes qui veulent apprendre à lire.

Le plus ſimple & le plus facile eſt, ce ſemble, d'expoſer chaque Voyelle ou chaque Conſonne l'une après l'autre, avec toutes les différentes manieres de la repréſenter. Ces différentes manieres ſont en petit nombre pour chaque Son. Etant vues d'abord d'un ſeul coup d'œil, & enſuite examinées ſéparément, elles ſe peindront plus aiſément dans l'imagination, & ſe graveront plus profondément dans la mémoire ; de ſorte que lorſqu'on les trouvera dans les Livres, on ſe rappellera facilement les Sons qu'elles repréſentent.

C'eſt ce que nous allons tâcher d'exécuter dans les Tables ſuivantes, où nous marquerons d'une étoile * les manieres rares & extraordinaires de repréſenter certaines Voyelles ou certaines Conſonnes.

TABLE

des différentes manieres de représenter les Voyelles.

Iere. *Voyelle.* A.

1. a... *place.* 2. em. *. *femme.*

â *grave.*

1. â... *pâte.* 2. as.... *compas.*

IIe. é *fermé.*

1. é... *vérité.* 2. ez... *lisez.*
3. ai... *j'aurai.* 4. er.... *donner.*
5. œ.. œconome. 6. &.... *pain & vin.*

IIIe. e *ouvert.*

1. e... *un autel.* 2. et.... *bonnet.*
3. ai. .*semaine.* 4. oi.... *foible.*
5. ei... *peine.*

è *ouvert grave.*

1. è... *thèse.* 2. es, ès. *des accès.*
3. ê. ..*fête.* 4. est... *il* est.
5. aî... *maître.* 6. ais.. .*jamais.*
7. oî.. *connoître.* 8. ois... *j'aurois.*
9. aix. *la paix.* 10. oient. *fesoient.*

IVe. e *muet.*

1. e... *je donne.* 2. es... *tu donnes.*
3. ent. *ils donnent.*

Ve. *Voyelle.* eu.

1. eu . . . *du f*eu. 2. œu. . *un v*œu.
3. e . . . . *j*e *te le dis*. 4. ue * . *éc*ue*il*.
5. œ* . . . œ*illet*.

eû *grave*.

1. eû. . . . *le j*eû*ne*. 3. œux. *des v*œux.
2. eux . . *je v*eux.

VIe. i.

1. i. . . . . ici. 2. ui. * . *du v*ui*de*.
3. y. . . . *il* y *a*.

y *pour deux* ii.

1. y. . . . *f*u*y*ons*.

VIIe. o.

1. o . . . . o*dor*a*t*. 3. eau... *chap*eau.
2. au. . . . *du gr*u*au*.

ô *grave*.

1. ô. . . . *une c*ô*te*. 2. os. . . *le d*os.
3. aux . . *trav*aux. 4. eaux. *bat*eaux.
5. aô *. . *la S*aô*ne*.

VIIIe. ou.

1. ou. . . coucou. 2. ol *. . *un f*ol.
3. Aou*. Aoû*t*.

IXe. u.

1. u. . . . u*fure*. 2. eu. . . *j'ai* eu.

X^e^. *Voyelle.* an.

1. an. . . *ancêtres.* 2. am . . *chambre.*
3. en. . . en*tier.* 4. em . . em*ploi.*
5. aen *. *C*aen , ville. 6. aon*. *un P*aon.

XIe. in.

1. in. . . . *la f*in. 2. im. . . im*biber.*
3. ain. . . *du p*ain. 4 . aim. . *j'ai f*aim.
5. ein. . . *deſſ*ein. 6. eim*. *Rh*eims.
7. en. . . *du bi*en.

XIIe. on.

1. on. . . *b*on*d*on. 2. om. . *il t*om*be.*
3. un *. . *Munſter.* 4. um *. *H*um*bert.*
5. aon*. *un t*aon, eſpece de mouche.

XIIIe. un.

1. un. . . *chac*un. 2. um. *parf*um.
3. eun. .. *à j*eun.

DIPHTHONGUES.

Les Diphthongues n'étant que deux Voyelles prononcées d'une ſeule émiſſion de voix, ſe repréſentent des mêmes manieres que les Voyelles qui les composent. Il n'y a d'exception que pour les trois ſuivantes.

DIFFÉRENTES MANIERES de repréſenter les Diphthongues *oua*, *ouet* & *ouin*.

Diphthongue oua.

1. oua.. oua*te*. 2. oa... *bézo*a*rd*.
3. oi... *trois mois*.

Diphthongue ouet.

1. ouet. *un r*ouet. 2. oè... *bo*è*te*.
3. oi... *un R*oi.

Diphthongue ouin.

1. ouin. *marſ*ouin. 2. oin... *beſ*oin.

TABLE

TABLE

des différentes manieres de représenter les Consonnes.

Cinq Labiales.

Iere *Consonne.* M.

1. M. m. . M*axime*. 2. mm. *ho*mm*age*.

IIe. B.

1. B. b. . . Bo*mbe*. 2. bb. . *A*bb*attre*.

IIIe. P.

1. P. p. . . Po*mpe*. 2. pp. . *a*pp*aiser*.

IVe. V.

1. V. v. . . V*in*. v*erd*.

V^{e}. F.

1. F. f. . . . F*in*. f*er*. 2. ff. . . *a*ff*able*.
3. Ph. . . . Ph*ilosophe*.

Quatre Sifflantes.

VIe. J.

1. J. j. . . . J*e* j*ette*. 2 { G. g. devant e & i. *Gêne*. g*ibier*.

VIIe. CH.

1. Ch. ch. Ch*er*ch*er*. 2. ſch*. ſch*isme*.

VIIIe. Z.

1. Z. z. . . Z*i*z*anie*. 2 { ſ. entre deux Voyelles. *u*ſ*age*. *mai*ſ*on*.
3. X. * . . *di*x*aine*.

IXe. Consonne. S.

1. S. ſ. . *Samſon.* 2. ſſ. . . *aſſurer.*

3 { C. c. devant e & i. *Cécile.*

4 { t. devant ia. ion. &c. *partial. action.*

5. ç. . . . *maçon.* 6. x *. . *ſoixante.*

Cinq Linguales.

X^e. D.

1. D. d. Dé*dier.* 2. dd. . . *addonner.*

XIe. T.

1. T. t. . T*atonner.* 2. tt. . . *attaquer.*

XIIe. L.

1. L. l. . L'*aſyle.* 2. ll. . . . *allumer.*

XIIIe. N.

1. N. n . N*ones.* 2. nn. . . *honneur.*

XIVe. R.

1. R. r. . R*etirer.* 2. rr. . . *arriver.*

Deux Gutturales.

XVe. G.

1. G. g.. *Gargariſer.* 2. Gu. . *Guet.*

3. gn *. *Berghen.*

XVIe. Qu.

1. Qu. . Qu*oi*que. 2. C. c.. C*alculer.*

3. K *. . K*yrie.* 4. Ch *. écho.

Deux mouillées.

XVIIe. gn.

gn . . . *gagner.*

XVIIIe. ill.

il. ill. *ba*il. *ba*iller.

La Lettre X vaut deux Consonnes, & se prononce de deux manieres :

1. X *prononcé* gz.	2. X *prononcé* cs.
Examen.	*Alexandre.*

La Lettre H n'a aucun son. Elle marque quelquefois une Aspiration : le plus souvent elle ne sert à rien.

1. H. h. *aspirée.*	2. H. h. *inutile.*
H*ola. la* h*onte.*	H*omme.* h*umble.*

Au moyen de ces Tables, il sera facile de connoître toutes les différentes manieres dont un Son peut être représenté. Il ne restera plus qu'une difficulté pour les Commençans, qui vient de ce que plusieurs Sons fort différens sont représentés par les mêmes Lettres, ou par les mêmes combinaisons de Lettres; ce qui peut les mettre dans l'incertitude, comment il faut prononcer ces Caracteres. Mais cette difficulté, qui paroît d'abord si grande, se réduit presque à rien, comme nous allons le faire voir.

1°. Ceux qui apprennent à lire, à moins que ce ne soient des Etrangers qui n'aient aucune connoissance de notre Langue, sçavent parler avant que d'apprendre à lire. Par conséquent, ils sont dans l'usage de prononcer les mots, au moins ceux qui sont d'un usage commun & familier. Quand ils trouvent ces mots dans les Livres, ils les reconnoissent tout d'un coup, & l'habitude où ils sont de les prononcer, leur fait distinguer le Son qu'ils doivent donner à chaque Syllabe. Ainsi, quoique *ti* se prononce quelquefois *ci*; & quoique *ient* se prononce tantôt *iant*, tantôt *iaint*, & tantôt *ie*, en traînant la voix, un Commençant à qui on a appris à prononcer tout d'un coup les Syllabes, & qui connoît bien toutes les différentes manieres dont un Son peut être représenté, ne se trompera jamais lorsqu'il verra ces mots, *il est patient*, *il contient*, *ils chatient*, & les prononcera sans hésiter, *il est pa*ciant; *il con*tiaint; *ils chât*ie, parceque l'habitude où il est de prononcer ces mots, lui fait tout d'un coup discerner les Sons qu'il faut donner à ces Syllabes *ti* & *ent*.

Ces exemples doivent faire sentir, combien il est avantageux de faire prononcer tout de suite les Syllabes sans faire épeller. Car celui qui ne peut lire qu'en épellant, de quelque maniere qu'il épelle, n'a d'idée de son mot qu'après l'avoir épellé ; & par conséquent, quand il trouve dans un mot une Lettre ou une combinaison de Lettres qui représente plusieurs Sons, il ne peut sçavoir quel est le son qu'il lui doit donner. Si donc on lui montre ces trois mots, *patient*, *contient*, *châtient* ; dans les deux premiers mots il ne sçaura comment prononcer la Syllabe *ti* : si épellant le premier mot *patient*, il dit *te i*, *ti*, il se trompera, car il faudroit dire *ce*, *i*, *ci* ; *pa*c*ient*. S'étant trompé dans le premier, il se trompera encore dans le second, *contient* ; car il voudra dire *ce*, *i*, *ci* ; & il faut prononcer *ti* ; *con*t*ient*.

Il se trouvera encore dans l'embaras pour la troisieme Syllabe de chacun de ces trois mots. Si dans le premier, il l'a prononcée *ant*, *pati*ant, il voudra la prononcer de même dans le second, & il se trompera. Car il la faut prononcer *aint*, *conti*aint. Le voila dans l'incertitude pour le troisieme mot, *châtient*. Prononcera-t-il *ant* ou *aint* ? De quelque maniere qu'il le prononce, il dira mal ; car il ne faut rien prononcer du tout, & seulement traîner la voix après l'*i* ; *châtie*, parceque *ent* n'eſt ici qu'un *e muet.*

On pourroit fournir bien d'autres exemples de l'incertitude que l'habitude d'épeller occaſionne. Au lieu que quand les Commençans ont appris à prononcer les Syllabes ſans épeller, la vue ſeule des Syllabes réunies leur donne l'idée du mot, & cette idée du mot leur fait diſcerner le Son qu'ils doivent donner à chaque Syllabe.

2°. Souvent la place où ſont les Lettres & les combinaiſons de Lettres, ou la nature des mots où elles ſont employées, déterminent le Son qu'il leur faut donner. Ainſi une *s* entre deux Voyelles ſe prononce ordinairement comme *z* ; le *g* & le *c*, qui ſe prononcent ordinairement *gu* & *qu*, prennent les Sons *j* & *s*, quand ils ſont ſuivis d'un *e* ou d'un *i*. Si, comme il ſeroit bien à ſouhaiter, on donnoit aux Commençans une légere idée de la Grammaire Françoiſe, ils ſçauroient bientôt que *ai*, *ois*, *er*, &c, ſe prononcent *é*, *ès*, *é*, dans certaines parties des Verbes, comme *j'aurai*, *j'allois*, *donner*.

3°. Souvent l'oreille ſeule, au défaut

des regles, fait ſentir quel eſt le Son qu'il faut donner aux Caracteres. Ainſi il ſuffit d'avoir de l'oreille, pour prononcer *ai* avec le Son de l'*é fermé*, dans ce mot *abaiſſé*, & pour lui donner le Son de l'*e ouvert* dans cet autre mot *j'abaiſſe*.

Il ne reſtera donc plus qu'un très petit nombre de mots rares & extraordinaires, dont l'uſage ſeul pourra apprendre la véritable prononciation.

Mais afin de faciliter la connoiſſance des Sons que repréſentent les Lettres ou les combinaiſons de Lettres, & aider à les reconnoître dans les différentes occaſions, nous allons conſidérer ſéparément toutes ces différentes manieres de repréſenter les Sons, & expoſer les différentes valeurs & les différens uſages de chacune. Pour cela, nous allons les ranger ſelon l'Ordre Alphabétique, en commençant par les Voyelles, & finiſſant par les Conſonnes.

CHAPITRE IV.

Exposition des différens Sons des Lettres, ou des combinaisons de Lettres, considérées chacune en particulier.

ARTICLE PREMIER.

Valeurs, & différens Sons des Caracteres qui représentent les Voyelles.

A.

A. a. *a*. Ces Lettres n'ont point d'autres Sons que ceux qu'on entend dans ces mots, *place*, *grace*, *pâte*.

Aen se prononce *an* dans le nom de la Ville de *C*aen.

Ai se prononce 1°. comme l'*é fermé*, à la fin des Prétérits simples & des Futurs des Verbes; exemples: *je donn*ai, *je donner*ai.

II°. Comme l'*e ouvert*, dans presque tous les autres mots; exemples: *bal*ai, *dél*ai, *aff*aire.

III°. Comme *a*, dans le mot *douairiere*, qu'on prononce *douariere*.

IV°. Comme *aïe*, en mouillant l'*i*, dans *ai*, cri de douleur.

V°. Comme l'*e muet* ou *obſcur*, dans ces parties du Verbe *faire*, *nous faiſons*, *je faiſois*, &c, que beaucoup de perſonnes écrivent à préſent, *nous feſons*, *je feſois*, &c.

Aî, *ais*, *aits*, *aix*, ſe prononcent comme l'*e très ouvert*; exemples : *Maître*, *jamais*, *des faits*, *un faix*.

Aix ſe prononce *èce*, dans le nom de la Ville *d'*Aix.

Aï, ce ſont deux Voyelles ſéparées, *a-i*; comme dans *haïr*, *laïc*. Si l'*ï* eſt ſuivi d'une Voyelle, il eſt un *i mouillé*, comme dans *païen*, aïeul, *faïance*.

Aim, *ain*, ſe prononcent *ein* ou *in* : *aim* n'eſt en uſage que dans ces mots, *un daim*, *j'ai faim*, *étaim*, *eſpece de laine* : *ain* eſt plus ordinaire; *la main*, *le bain*, *un pot d'étain*.

Am, *an*, expriment le Son nazal qui répond à la Voyelle *a*, & qu'on entend dans ces mots, Ange, *chambre*.

Am ſe prononce *ame*, à la fin de quelques noms étrangers, comme *Abraham*, *Cham*, &c, qu'on prononce *Abrahame*, *Chame*.

Am, ſuivi immédiatement d'une

ſeconde *m* ou de *n* ; & *an*, ſuivi d'une ſeconde *n*, ſe prononcent comme un *a ſimple*, après lequel on n'entend que la Conſonne *m* ou *n*, qui commence la Syllabe ſuivante ; exemples : *enflammer*, *condamner*, an*noncer*, ſe prononcent *en-fla-mer*, *conda-ner*, a-*noncer*. Quelquefois on fait entendre les deux *mm* ou les deux *nn* ; comme dans ces mots, *inflammation*, *Ammonites*, *an-notation*.

Ao ſe prononce comme *o*. Il n'eſt d'uſage que dans ces deux mots, a*oriſte*, *la S*aô*ne*, qu'on prononce o*riſte*, *la S*ô*ne*.

Aon ſe prononce 1°. comme *an*, dans ces mots, *Laon* , *Ville*, *p*aon, *f*aon *de biche*

II°. Comme *on*, dans ce ſeul mot, *un t*aon, *eſpece de mouche*.

Aou ſe prononce *ou*, dans ce mot, *le mois d'*Aoû*t*, & dans *ſ*aou*l*, *ſ*aou*ler*, termes bas qui ne ſont preſque plus en uſage.

Au ſe prononce comme *o* ; exemples : au*bade*, au*tant*.

Aü. Ce ſont deux Voyelles ſéparées, dont chacune garde le Son qui lui eſt propre ; exemple : *S*aü*l*.

Ay ſe prononce *ai-i* ou *éi* ; exemples : *pays*, *payſan*, qu'on prononce *pai-is* ou *pé*-is, *pai-iſan*. Si l'*y* eſt ſuivi d'une Voyelle, le ſecond *i* eſt un *i mouillé*, comme dans *eſſayons*, qu'on prononce *eſſai-ions*.

E.

E. e. Cette Lettre ſe prononce de bien des manieres.

I. *E* ſans accent eſt ouvert :

1°. Lorſque dans la même Syllabe il eſt ſuivi d'une Conſonne qui ſe prononce, & qui garde le Son qui lui eſt propre ; exemples : *autel*, *avec*, *du fer*, *Doeg*, *hymen*, e*nnemi*.

II°. Lorſqu'il eſt à la pénultieme Syllabe d'un mot, dont la derniere eſt composée d'une Conſonne & d'un *e muet* ; exemples : *pere*, *mere*, *fidele*, *roſete*. Dans quantité de Livres, on voit cet *e* marqué d'un accent aigu ou d'un accent grave : mais ordinairement on n'en met point, & c'eſt le mieux.

III°. Dans ce mot *legs*, où *gs* ne ſe prononce point.

II. *E* ſans accent, eſt *muet* ou *obſcur :*

1°. Lorſqu'il précede ou qu'il ſuit une Voyelle, il ne ſe prononce point ; mais il fait traîner la voix ſur la Voyelle qui le précede ; exemples : *Jean*, *joue* & *jouera*, se prononcent *Jan*, *joû* & *joûra*.

II°. A la fin d'un mot, il n'a qu'un Son extrêmement foible, & ne se fait entendre qu'autant qu'il faut pour faire sonner la Consonne qui le précede ; exemples : *ame*, *ange*, *cabane*.

III°. Il a un Son un peu moins foible, très bref, un peu approchant de celui de la Voyelle *eu*, quand il est à l'avant derniere Syllabe d'un mot ; exemples : *venir*, *devenir*.

IV°. Il a le Son très bref de la Voyelle *eu*, lorsqu'on est obligé d'appuyer fortement dessus. Ce qui arrive lorsqu'il forme une Syllabe isolée, comme dans ces Monosyllabes, *je*, *me*, *te*, *se*, *ce*, *que*, *de*, *le*, *ne*, ou lorsque dans un mot il est suivi de deux ou trois Syllabes : comme dans ces mots, *devenir*, *demander*, *redemander*.

III. *E* sans accent, est fermé dans ces mots, *clef*, *bled*, *pied*. Beaucoup de bons Auteurs écrivent à présent, *clé*, *blé*, avec un accent aigu. Quelques-uns écrivent aussi *pié* ; mais on n'est pas encore assez autorisé pour écrire ainsi ce dernier mot, surtout au pluriel, qu'on écrit toujours *les pieds*.

IV. *É*, avec l'accent aigu, eſt fermé; exemple : *vérité.*

V. *È*, avec l'accent grave, eſt ouvert; exemples : *thèſe*, *après.*

VI. *Ê*, avec l'accent circonflexe, eſt très ouvert; exemples : *fête*, *honnête*, *même.*

Ei, a le Son de l'*e ouvert;* exemples : pei*ne*, Sei*gneur.* Il eſt très ouvert dans ces mots, Rei*ne*, *ſeize*, *ſeizieme.*

Éi, avec un accent aigu ſur l'*é.* Ce ſont deux Voyelles, dont chacune garde le Son qui lui eſt propre; exemple : *ob*éi*r.*

Eim, *ein*, ont le Son nazal, qui répond à l'*e ouvert. Eim*, ne ſe trouve que dans ce mot, *Rh*eim*s*, *Ville*, & quelques autres mots étrangers. *Ein,* eſt plus ordinaire; exemples : *deſſ*ein, pein*ture.*

Em. I°. a le Son *an*, dans preſque tous les mots; exemples : em*mener*, *t*em*ple.*

II°. Il ſe prononce *eme*, à la fin des noms étrangers, comme *Jéruſal*em, *Bethlé*em, qu'on prononce *Jeruſal*eme, *Bethlé*eme.

III°. Il a le Son *a* dans ces mots, *femme*, *ſolemnel*, & dans tous les Adverbes qui finiſſent en em*ment*, comme *prudemment*, *évidemment*. On prononce *fame*, *solanel*, *prudament*, *évidament*, &c.

En. 1°. a le Son *an* dans presque tous les mots ; exemples : en*tier*, *é*t*e*n*dre*.

II°. Il a le Son *ain* ou *in*, dans ce mot *ben*j*oin*, & à la fin de ces mots, *la Ville d'A*g*e*n, *exam*en, & de tous ceux qui sont terminés en *é*en & *i*en, comme *Nazaré*en, *Jébusé*en, *bi*en, *Chré-ti*en.

III°. Il se prononce *ene*, dans en*ne-mi*, *hym*en, *am*en. Quelques-uns y joignent le mot *exam*en : mais l'usage le plus commun est de le prononcer *exam*ain.

Ent, se prononce 1°. comme *an*, à la fin de tous les Noms & de tous les Adverbes ; exemples : *de l'arg*ent, *le v*ent, *prud*ent, *pati*ent, *sagem*ent.

II°. Comme *ein*, à la fin de ces Verbes, *il ti*ent, *il vi*ent, & de tous leurs composés.

III°. Il n'est qu'un *e muet* aux troisiemes personnes du plurier de tous les Verbes ; exemples : *ils pri*ent, *ils aim*ent, *ils donner*ent.

Er, se prononce 1°. comme l'*é fermé*, à la fin de tous les Infinitifs des Verbes, & même de presque tous les mots ;

exemples : *aim*er, *donn*er, *le dang*er, *un méti*er.

IIº. Il ſe prononce *ere*, 1º. au commencement ou au milieu de tous les mots ; exemples : *b*er*ger*, cer*cle*, *lan*ter*ne*. 2º. Dans ces Monoſyllabes, *f*er, *m*er, *ch*er, *fi*er, *cl*er*c*, *v*er*s*, *v*er*d*, & à la fin de ces mots, *am*er, *canc*er, *hi*er, *hyv*er, *enf*er, *Eſth*er, *frat*er, *éth*er, *magiſt*er, *Jupit*er, & de quelques autres noms étrangers.

Es. 1º. a le Son de l'*e très ouvert*, dans tous les Monoſyllabes, *m*es, *t*es, *ſ*es, *d*es, *l*es, *c*es.

IIº. Il eſt un *e muet*, à la fin de tous les autres mots ; exemples : *vous dit*es, *vous fait*es, *les hommes ſag*es.

IIIº. Il ſe prononce *éſſe*, à la fin de quelques noms étrangers, comme *Cér*ès, *V*errès.

Et. 1º. eſt un *e ouvert*, à la fin des mots ; exemples : *buff*et, *un j*et.

IIº. Il eſt un *é fermé*, dans la Conjonction *&*, que l'on repréſente par *et* dans l'écriture à la main.

IIIº. Il ſe prononce *ete*, au commencement ou au milieu des mots, lorſqu'il eſt ſuivi d'une Conſonne ; exemples ; Et*na*, *B*et*léem*.

Eu. 1°. a le Son qu'on entend dans ces mots, *le f*eu, *le j*eu.

II°. Il n'eſt qu'un *u* ſimple, dans ces parties du Verbe *avoir ; j'ai* eu, *vous* eu*tes*, &c, & dans ces mots, Eu*rope*, Eu*ſtache*, qu'on prononce, *j'ai* u, *vous* u*tes*, &c, U*rope*, U*ſtache*.

Éu, avec l'accent aigu ſur l'*é*. Ce ſont deux Voyelles, dont chacune garde le Son qui lui eſt propre ; exemples : *r*éu*nir*, *r*éu*ſſir*.

Ez, 1°. a ordinairement le Son de l'*é fermé ;* exemples : *le n*ez, *aſſ*ez, *donn*ez.

II°. A la fin de quelques noms étrangers ou de Ville, il ſe prononce *éſſe ;* exemples : *Suar*ez, *Vaſqu*ez, *Rhod*ez.

I.

I. i. Cette Lettre a le Son qu'on entend dans ce mot, ici.

ï, ſurmonté de deux points, que l'on appelle *tréma* ou *diérèſe*, 1°. n'eſt qu'un *i ſimple*, lorſqu'il n'eſt point ſuivi d'une Voyelle ; exemples : *laïc*, *haï*.

II°. Quand il eſt ſuivi d'une Voyelle, il eſt un *ï mouillé ;* comme dans *païen*, *aïeul*, *Camaïeu*, *la Ville de Blaïe*, excepté dans *haïe*, féminin du du participe *haï*, où il n'eſt qu'un *i* ſimple.

Im & *in*, 1°. lorſqu'ils ſont précédés d'une Conſonne, ſe prononcent toujours comme *ain ;* exemples : *t*imbre, *cl*in*quant*, *deſt*in.

II°. Au commencement de certains mots, quelques bons parleurs prononcent *im* & *in* d'un certain Son nazal qui répond à la Voyelle *i*. Voyez ce que nous en avons dit ci-deſſus, *Iere Partie*, *Chapitre I*, *Article II*, §. *V*.

III°. Lorſque l'*m* eſt redoublée, *im* ſe prononce *ime*, en faiſant entendre les deux *m* ; exemples : im-*mortel*, im*matricule*.

IV°. Lorſque l'*n* eſt redoublée, *in* ſe prononce comme un *i* ſimple ; exemple : in*nocent*, qu'on prononce i*nocent*.

V°. *Im*, ſe prononce *ime*, à la fin de quelques noms étrangers ; comme *interim*, *Ibrah*im, *Sel*im. *In*, ſe prononce auſſi *ine*, à la fin de quelques noms étrangers ; comme *A*in, *Sch*in, *le déſert de S*in.

O.

O, *o*. Cette Lettre a les Sons qu'on

entend dans ces mots, *hotte*, *oter*; *hôte*.

Oi, *ois*, *oient*, ſont ou ſimples Voyelles ou Diphthongues.

1°. *Oi*, *ois*, *oient*, ſimples Voyelles, ſe prononcent comme l'*e* ouvert; exemples : *foible*, *il connoît*; ou comme l'*e* très ouvert; exemples : *j'avois*, *ils étoient*.

II°. *Oi*, *ois*, *oient*, Diphthongues, ſe prononcent comme *oè*, *ouet*; exemples: *loi*, *roi*, *moi*, *il boit*; ou comme *oê*; exemples: *les Rois*, *ils voient*.

III°. *Ois* ſe prononce encore comme *oa*, dans ces mots, *du bois*, *des pois*, *un poids*, *des noix*, *trois*, *mois*.

Oï. Ce ſont deux Voyelles ſéparées, dont chacune garde le Son qui lui eſt propre; exemple : *Moïſe*.

Oin, ſe prononce *ouin*; exemples : *loin*, *beſoin*.

Ol. 1°. a le Son *ou* dans ces trois mots, *ſol de monnoie*, *col* & *mol*, qu'on prononce *ſou*, *cou*, *mou*.

II°. Il ſe prononce *ole*, dans ces mots, *ſol de bâtiment*, *le col d'une chemiſe*, & dans tous les autres mots terminés en *ol*.

Om, *on*, 1°. ont le Son nazal, qui

répond à la Voyelle *o ;* exemples : *tom*ber, *ton*dre.

11°. Lorſque l'*m* ou l'*n* eſt redoublée, ils ſe prononcent comme un ſimple *o ;* exemples : *hommage*, *honneur*, qu'on prononce *homage*, *honeur*.

Ou, a le Son qu'on entend dans ce mot, *cou*cou.

Oü. Ce ſont deux Voyelles ſéparées, dont chacune garde le Son qui lui eſt propre. Elles ne ſe trouvent que dans des noms étrangers ; comme *Th*oïi, *Pyrith*oïis.

U.

U, *u*. Cette Lettre a le Son qu'on entend dans ce mot, *uſure*.

Ueil a le Son *euil*, dans ces mots, *acc*ueil, *éc*ueil, *rec*ueil, *cerc*ueil, *org*ueil. On ne met l'*u* devant l'*e*, au lieu qu'il devroit être après, que pour empêcher qu'on ne prononce *acſ*euil, *eſſ*euil, *orj*euil, &c, parceque le *c* & le *g*, devant la Lettre *e*, prennent les Sons *ſe* & *je*.

Ui, 1°. ſe prononce comme *i*, dans ces mots, *vuide*, *vuider*, & leurs dérivés.

II°. Il eſt Diphthongue dans tous les autres mots ; exemples : *l*uir*e* , *n*ui*re* , *cel*ui.

Uï ſe prononce en deux Syllabes ſéparées ; exemples : *br*uï*ne*.

Um & *un* , I°. ont le Son nazal , qui répond à la Voyelle *eu* , & qu'on entend dans ces mots , *parf*um , *chac*un.

II°. Ils ſe prononcent *on* , dans quelques noms propres ; exemples : *H*um*bert* , *D*un*kerque*.

III°. *Um* ſe prononce *ome*, dans quelques mots, qui ont paſſé du Latin dans notre Langue ; exemples : *opi*um , *un Te D*eum.

Y.

Y. Cette Lettre , qu'on nomme *i grec*, I°. ne vaut qu'un ſimple *i* , 1°. dans l'Adverbe *y* : *Il* y *a* ; 2°. au commencement de ces mots , y*vre* , y*voire* , que la plupart des bons Auteurs écrivent à préſent, i*vre* , i*voire* : 3°. enfin , dans les mots qui viennent du Grec , & qui ſont écrits dans cette Langue par un *upſilon* ; comme *S*y*llabe* , *S*y*node*.

II°. Elle vaut ordinairement deux *ii*, dont le premier appartient à la Voyelle ou à la Diphthongue précédente, & le second est un *i* simple, ou un *ï* mouillé. Voyez ci-dessus, *Ière Partie, Chapitre II, Articles III & IV.*

Ym & *yn*, ont le même Son que *im* & *in*. On ne les emploie que dans les mots qui sont écrits dans le Grec par un *upsilon*; comme Sym*bole*, Syn*taxe*.

Beaucoup de bons Auteurs négligent à présent l'*y grec*, & lui substituent l'*i* simple, excepté dans l'Adverbe *y*, & dans les mots où il vaut deux *ii*.

ARTICLE II.

Valeurs, & Sons différens des Caracteres qui représentent les Consonnes.

B.

B, b. Iº. cette Lettre a le Son qu'on entend dans ces mots, *bom*b*e*, *Jo*b, *Cale*b.

IIº. Elle est muette; c'est-à-dire, ne se prononce point à la fin de ces mots, *plom*b, & *rum*b *de vent.*

IIIº. De deux *bb* de suite, on n'en

prononce qu'un ; exemples : *A*bb*é*, *S*a*bb*at*, ſe prononcent *A*b*é*, *S*a*b*at*.

C.

C, *c*. 1°. cette Lettre a le Son *k* ou *qu*, 1°. à la fin des mots, quand elle s'y prononce ; exemples : *la*c, *fro*c, *baſi-li*c : 2°. lorſqu'elle précede une autre Conſonne ; exemples : c*lair*, c*rédule* : 3°. enfin devant *a*, *o*, *u* ; exemples, c*alice*, c*aiſſon*, c*ofre*, c*ouleur*, c*uve*.

II°. Elle a toujours le Son *s*, devant *e* & *i* ; exemples : ceci, c*ela*, ci*lice*.

III°. Elle a le Son *gue*, dans ces mots, C*laude*, *ſe*c*ond*, ci*c*o*gne*, *é*c*logue*, & quelques autres. On prononce G*laude*, *ſe*g*ond*, ci*g*o*gne*, *é*g*logue*.

IV°. Cette Lettre redoublée, devant *a*, *o*, *u*, ne ſe prononce qu'une fois, & a le Son *que* ; exemples : *a*cc*abler*, *a*c-c*omplir*, *a*cc*uſer*, ſe prononcent, *a*qu*a-bler*, *a*qu*omplir*, *a*qu*uſer*. Elle ſe prononce cependant deux fois dans *Ba*c-c*hus*.

V°. Cette Lettre redoublée devant *e* & *i*, a les deux Sons *que*, *ſe* ; exemples : *a*cc*ès*, *a*cc*ident*, ſe prononcent *a*qs*ès*, *a*qs*ident*.

VI°. Elle eſt muette à la fin de ces mots, *cotignac*, *eſtomac*, *clerc*, *arſenic*, *broc*, *porc*, *croc*, *accroc*, *marc d'argent*, & de tous les mots où elle eſt précedée d'une Voyelle nazale; comme *banc*, *flanc*, *jonc*, *un tronc*, *il convainc*; & elle ne ſe prononce pas même devant une Voyelle, ſi ce n'eſt dans quelques occaſions aſſez rares, où on la prononce *qu*; exemples : *porc-épi*, *du blanc au noir*, *de clerc à maître*, *franc étourdi*, qu'on prononce *por*-qu*épi*, *du blan*-qu*au noir*, *de cler*-qu*à maître*, *un fran*-qu*étourdi*. Le *c* ſe prononce de même, à la fin de la Conjonction *donc*, lorſqu'elle commence une phraſe, ou lorſqu'elle eſt ſuivie d'une Voyelle.

Ç cédillé, a toujours le Son *ſ*; exemples : *or-ça*, *maçon*, *il commençoit*, *reçu*.

Ch. Ces deux Lettres ne ſont qu'une ſeule Conſonne qui, I°. a le Son & le ſifflement qu'on entend dans ces mots, chiche, chercher.

II°. Se prononce *qu*, dans quelques mots d'une origine étrangere; comme *Zacharie*, *Choriſte*, *Chrétien*, *Chriſt*. Le premier mot vient de l'Hébreu; les trois autres viennent du Grec.

III°. Elle eſt muette à la fin du mot *Almana*ch.

D.

D, *d*. I°. Cette Lettre a le Son qu'on entend dans ces mots, D*avi*d, d*evi*d*e*.

II°. Elle ne ſe prononce pas à la fin des mots françois, pas même devant une Voyelle. Ainſi, quoiqu'on écrive *froi*d, *chau*d, *fon*d, on dit, *un froi extrême*, *il fait chau aujourd'hui*, *un fon inépuiſable*.

III°. Si le mot qui finit par un *d*, eſt un Adjectif, & qu'il ſoit ſuivi de ſon Subſtantif, qui commence par une Voyelle; ou ſi c'eſt un Verbe, ſuivi de l'un de ces Pronoms, *il*, *elle*, *on*, alors le *d* ſe prononce comme *t*; exemples: *gran*d *homme*, *profon*d *abyme*, *enten*d-*il*, *cou*d - *elle*, *répon*d - *on*, ſe prononcent *gran*-t-*homme*, *profon*-t-*abyme*, *enten*-t-*il*, *cou*-t-*elle*, *répon*-t-*on*.

Ce même changement de la prononciation du *d* final, en celle de *t*, arrive encore dans quelques autres occaſions, dont l'oreille eſt le juge.

IV°. Le *d* ſe prononce toujours à la

fin des mots étrangers ; comme D*av*i*d*, *Galaa*d, *Lam*e*d*.

v°. Le *dd* redoublé ſe prononce deux fois dans, a*dd*i*tion*, a*dd*i*tionner*, & *red*d*ition*. Il ne ſe prononce qu'une fois dans les autres mots. *A*dd*onner*, ſe prononce *a*d*onner*.

F.

F, *f*. 1°. Cette Lettre a le Son qu'on entend dans ces mots, *tuf*, *agrafe*, *fanfare*.

II°. Elle eſt toujours muette dans *clef*, *chef-d'œuvre*, & l'Adjectif *neuf*. On ne la prononce que très rarement dans *bœuf*, & *œuf* ; mais jamais au plurier.

III°. On la prononce dans le nombre *neuf*, lorſqu'il n'eſt point ſuivi de Noms ou Pronoms auxquels il ait rapport ; comme quand on dit, *j'en ai neuf*.

Lorſque ce nombre *neuf* eſt ſuivi des noms auxquels il a rapport, & que ces noms commencent par une Conſonne, on ne prononce point alors l'*f*. Ainſi *neuf louis*, ſe prononce *neu louis*.

IV°. Mais ſi ces Noms ou Pronoms commencent par une Voyelle, au lieu de l'*f* on prononce *v*. Ainſi on dit *neu*-v-*amis* , *j'en ai neu*-v-*autres* , quoiqu'on écrive *neuf amis* , *j'en ai neuf autres*.

v°. De deux *ff* de ſuite dans un mot, on n'en prononce jamais qu'une ; exemples : *affaire*, ſe prononce *afaire*.

G.

G, *g*. 1°. Cette Lettre a le Son *gue* : 1°. à la fin des mots, quand elle s'y prononce ; exemples : *Agag*, Gog, *Magog* : 2°. lorſqu'elle précede une autre Conſonne ; exemples : *glace*, *gracieux* : 3°. enfin devant *a* , *o* , *u* ; exemples : *gateau*, *gai* , *gand* , *goſier* , *gond* , *Auguſte*.

II°. Elle a le Son *je* devant *é* & *i* ; exemples : *gêne*, *gent*, *gigot*.

III°. Elle eſt toujours muette à la fin des mots françois ; exemples : *doigt* , *legs* , *ſang* , *rang*. On la prononce quelquefois dans le mot *joug*.

IV°. Elle ſe prononce toujours *gu* , à la fin des mots étrangers ; comme *Agag*, *Doeg*.

V°. A la fin du mot *ſang*, on lui donne quelquefois le Son fort de *qu* ; exemples : *ſang innocent* , *ſuer ſang & eau* , ſe prononcent *ſan*-qu-*innocent* , *ſuer ſan*-qu *& eau*.

VI°. De deux *gg* de ſuite, dans un mot, on n'en prononce qu'un, excepté dans ces mots, *ſuggérer*, *ſuggeſtion*, où le premier *g* ſe prononce *gue*, & le ſecond *j*; comme ſi on écrivoit *ſugjérer*, *ſugjeſtion*.

Gh, ſe prononce *gu*. Il ne ſe trouve que dans des noms propres; exemples: *Berghen*, *le Ghilan*.

Gn. I°. Ces deux Lettres ne font ordinairement qu'une ſeule Conſonne, qu'on entend dans ces mots, *regne*, *gagner*.

II°. Elles ſe prononcent *gue ne*, dans ces mots, *gnome*, *gnomonique*, *gnoſtique*.

Gu. I°. Ces deux Lettres ne font ordinairement qu'une Conſonne, lorſqu'elles ſont ſuivies d'une Voyelle; comme dans ces mots, *guérir*, *vague*, *guide*, *anguille*, *à ma guiſe*.

II°. On prononce cependant l'*u* dans ces mots, *éguille*, *aiguë*, *arguer*, *le Duc de Guiſe*.

H.

H, *h*. Cette Lettre n'a aucun Son. I°. Elle eſt inutile dans la plupart des mots; exemples: *homme*, *humilité*.

11°. Il y a environ cent vingt mots où elle marque une forte Aspiration; comme dans ceux-ci, *la* h*aine*, *la* h*onte*, *le* h*éros*.

I.

Il & *ill*. 1°. Ces deux ou trois Lettres, lorsquelles sont précedées d'une Voyelle, ne sont qu'une seule Consonne mouillée, assez difficile à prononcer, qu'on entend dans ces mots, *ba*il, *verme*il, *fenou*il, *trava*ill*er*, *merve*ill*eux*, *fou*ill*er*, &c, dans lesquels on ne prononce point d'*i*.

11°. Ces trois Lettres *ill*, lorsqu'elles sont immédiatement précedées d'une Consonne, ont presque toujours le Son de la Voyelle *i*, suivi du Son de la Consonne mouillée *ill*; comme on les entend dans ces mots, *f*ill*e*, *m*ill*et*, *pér*ill*eux*, qui se prononcent comme s'il y avoit, *f*iill*e*, *m*iill*et*, *pér*iill*eux*. Mais parceque ces deux *ii* de suite choqueroient la vue, on s'est porté tout naturellement à faire servir l'*i* qui fait partie des Caracteres qui représentent la Consonne mouillée *ill*, à représenter en même temps la Voyelle *i*, qu'on entend dans ces mots.

Il faut cependant excepter ces mots, *Ach*ille , *G*ill*e* , *imbéc*ille , *v*ille , *m*ill*e* , & ſes dérivés , *pup*ill*e* , *tranqu*ill*e* , & les Verbes *diſt*ill*er* , & *vac*ill*er*, dans leſquels les deux *ll* n'en valent qu'une ſimple , & qu'on prononce , *Ach*i-le , *G*i-l*e* , *imbéc*i-le , *v*i-l*e* , &c. Dans *vac*ill*er* , *m*ille*naire* , *m*ill*éſime* , on prononce deux *ll* ſimples , *vac*il - l*er* , *m*il - l*enaire* , *m*il-l*éſime*.

III°. Ces deux Lettres *il* , précedées immédiatement d'une Conſonne à la fin d'un mot , ont le Son de la Voyelle *i* , ſuivi du Son de la Conſonne mouillée *il*, comme dans , *bab*il , *Avr*il , *du m*il , *pér*il.

IV°. Ces deux Lettres *il* , ont le Son de l'*i* & d'une *l* ſimple , dans ces mots , *civ*il, *ex*il, *du f*il , il, *m*il (nombre,) *morf*il , *prof*il , *N*il , *piſt*il , *puér*il , *ſubt*il , *v*il , *vir*il , *volat*il , & cinq ou ſix autres, qui ne ſont pas d'un uſage ordinaire.

V°. A la fin de preſque tous les autres mots , *il* ſe prononce comme un *i* ſimple , ſans faire entendre le Son de l'*l* ; exemples : *pers*il , *fus*il.

VI°. *Ill*, au commencement des mots, ſe prononce comme un *i* , après lequel on fait ſonner les deux *ll* ; exemples : ill*uſtre* , ill*égitime* , ill*icite*.

J.

J, j. Cette Lettre a toujours le Son qu'on entend dans ces mots, j*amais*, *dis-*j*e.*

K.

K, k. Cette Lettre a toujours le Son *qu.* Elle n'eſt d'uſage que dans des mots étrangers; comme K*yrie*, K*aminie*k.

L.

L, l. 1°. Cette Lettre a le Son qu'on entend dans les mots, *éga*l, *je réga*l*e.*

II°. Précedée d'un *i*, elle repréſente ordinairement la Conſonne mouillée *il*, *ill*, dont nous avons parlé ci-deſſus.

III°. Elle eſt muette après l'*i*, à la fin de la plupart des mots; exemples: *fus*il, *pers*il, *ſourc*il; & très ſouvent à la fin du Pronom *il.*

IV°. Elle ſe prononce après les autres Voyelles, à la fin de tous les mots; exemples: *ma*l, *morte*l, *un ba*l. Il faut excepter le mot *ſaou*l, à la fin duquel elle eſt muette.

Elle se prononce aussi après l'*i*, à la fin d'environ quinze ou vingt mots, qu'on peut voir ci-dessus, à la Consonne *ill.*

V°. De deux *ll* de suite, on n'en prononce ordinairement qu'une ; exemples : *al*l*umer*, *Col*l*ége*, *col*l*ation* (petit repas.)

Mais on les prononce toutes deux dans ces mots, *al*l*usion*, *appel*l*atif*, *bel*l*iqueux*, *Col*l*ation* (d'un Bénéfice,) *col*l*usion*, *constel*l*ation*, l'*Eglise Gal*l*icane* ; dans tous les mots qui commencent par *ill*, & dans quelques autres mots, en petit nombre, que l'usage apprendra.

VI°. Les deux *ll* de ces deux mots, *Nu*ll*i* & *Su*ll*i*, y représentent la Consonne mouillée *ill.* On les prononce comme s'il y avoit, *Nu*ill*i*, *Su*ill*i*.

VII°. *Lh.* Ces deux Lettres sont encore une maniere de représenter la Consonne mouillée *ill.* Elle ne se trouve que dans des noms propres ; comme *Mi*lh*au*t, *Parda*lhac.

M.

M, *m*. 1°. Cette Lettre a le Son qu'on entend dans ces mots, m*on ame*, *une* m*axim*e.

II°. Quand elle ſuit une Voyelle dans une même Syllabe, elle ne ſert qu'à repréſenter le Son nazal que prend cette Voyelle. *Voyez à l'Article précedent, les Voyelles*, am, aim, em, eim, im, om, & um.

III°. Quand elle eſt redoublée, elle ne donne plus à la Voyelle précédente le Son nazal, excepté dans ces mots, em*mener*, em*miéler*, & les autres, qui commencent par *em* : & alors des deux *mm*, on n'en prononce qu'une, excepté dans *A*mm*oniac*, *A*mm*onite*, & tous les mots qui commencent par *imm*, où les deux *mm* ſe prononcent.

N.

N, *n*. I°. Cette Lettre a le Son qu'on entend dans ces mots, n*aine*, *les* n*arines*.

II°. Quand elle ſuit une Voyelle dans la même Syllabe, elle ne ſert qu'à repréſenter le Son nazal que prend cette Voyelle. *Voyez à l'Article précedent, les Voyelles*, an, ain, en, ein, in, on & un.

III°. Quand elle eſt redoublée, elle ne donne plus à la Voyelle précédente le Son nazal, excepté dans ces mots, en*nui*, & ſes dérivés, en*nuyer*, en*nuyeux*, &c. Alors

Alors des deux *nn*, on n'en prononce qu'un ; exemples : *anneau*, *ennemi*, qu'on prononce *aneau*, *ènemi ;* excepté ces mots, *annal*, *annexe*, *annotation*, *annuel*, *annulaire*, *annuller*, *inné*, *innover*, où les deux *nn* se prononcent.

IV°. L'*n* final ne se prononce point, & ne se joint point à la Voyelle qui commence le mot suivant ; excepté 1°. quand les Adjectifs sont suivis de leurs Substantifs ; exemples : *mon ame*, *bon ami*, *ancien Historien*, *divin amour*, qui se prononcent, *mon*-name, *bon*-nami, *ancien*-n*Historien*, *divi*-*namour*. Dans ce dernier exemple, la seconde Syllabe du mot *divi*n perd le Son nazal. 2°. quand ces mots *bien*, *rien*, *on* & *en*, sont suivis d'un mot auquel ils ont un rapport nécessaire : *bien obligeant*, *rien omettre*, *on aime*, *en étudiant*, se prononcent *bien*-nobligeant, *rien*-nomettre, *on*-naime, *en*-nétudiant. Hors ces cas, l'*n* final ne se prononce jamais.

P.

P, *p*. 1°. Cette Lettre a le Son qu'on entend dans ces mots, P*ape*, *sou*p*ape*.

II°. Elle ne se prononce point à la

K

fin de ces mots, *drap*; *ceps*, *julep*, *des ſeps* de vigne, *ſept*, *galop*, *loup*, *ſirop*, *camp* & *champ*, même devant une Voyelle. Dans *trop* & *beaucoup*, elle ne ſe prononce que lorſque ces mots ſe trouvent devant une Voyelle. *Trop ardent*, *beaucoup aimé*, ſe prononcent *tro-pardent*, *beaucou-paimé*.

III°. Elle ne ſe prononce point dans ces mots, *Sculpteur*, *Sculpture*, *compte*, *compter*, *corps*, *prompt*, *promptitude*, *temps*, *baptême*, *baptiſer*, &c. Auſſi la retranche-t-on aſſez communément de la plupart de ces mots. Beaucoup d'habiles gens & de bons parleurs, ne veulent plus qu'on la prononce dans P*ſeaume*, P*ſeautier*, P*ſalmiſte*, P*ſaltérion*, P*ſalmodie*. Mais elle ſe prononce dans tous les autres mots; comme, *ineptie*, *adoption*, *captieux*, *aptitude*, *reptile*, &c.

IV°. De deux *pp* de ſuite, on n'en prononce qu'un; *appaiſer*, *oppoſer*, &c, ſe prononcent, *apaiſer*, *opoſer*.

Q

Q, *q*. Cette Lettre ne ſe trouve ſeule que dans ces deux mots, *cinq* & *coq*. Elle ſe prononce toujours dans le mot *coq*, excepté dans *coq d'Inde.* Mais dans le mot *cin*q, elle ne se prononce point devant une Consonne ; exemples : *cin*q *louis*, prononcez *cin louis.* Mais elle se prononce à la fin d'une phrase ; exemple : *j'en ai cin*q, prononcez *cin*que ; & devant une Voyelle ; exemple : *cin*q *écus*, prononcez *cin*-qu*écus*.

Qu, qu. 1°. Ces deux Lettres ne font ordinairement qu'une seule Consonne, qu'on entend dans ces mots, qu*el*que qu*alité* : & la Voyelle *u* ne se prononce point.

II°. Cependant bien des personnes font entendre l'*u* dans ces mots, *e*qu*estre*, qu*esteur*, qu'elles prononcent, *é*cu*estre*, cu*esteur*.

III°. *Qu*, se prononce *cou*, dans ces mots, *é*qu*ateur*, *a*qu*ati*que, Qu*adragésime*, qu*adragénaire*, qu*adruple*, qu*adrupede*, Qu*in*qu*agésime*, qu'on prononce *é*cou*ateur*, *a*cou*atique*, Cou*adragésime*, &c. Dans le mot, Qu*in*qu*agésime*, *qu* se prononce *cu* & *cou* ; Cu*in*cou*agésime*.

R.

R, r, rh. 1°. Cette Lettre a le Son

qu'on entend dans ces mots, r*are*, r*ire*, rh*éteur*.

II°. Elle eſt muette à la fin de tous les mots où *er* ſe prononce comme un *é* fermé. Voyez *Er*, à l'Article précédent. Dans le Diſcours ordinaire, on ne la prononce pas même devant une Voyelle. Ainſi, *aim*er *à boi*re, *cherch*er *à mang*er, ſe prononcent *aimé à boire*, *cherché à mang*er. Mais dans le Diſcours ſoutenu, on fait entendre l'*r* devant une Voyelle, & on prononce l'*e* précédent d'un ſon foible & peu ouvert. Dans les mots, *loiſi*r, *plaiſi*r, *Monſieu*r, & les Infinitifs employés comme Noms, *le ſouveni*r, *le repenti*r, &c, l'*r* final ne ſe prononce point ordinairement, ſi ce n'eſt devant une Voyelle. Dans *Meſſieurs*, l'*r* ne ſe prononce jamais. Dans l'Adverbe *toujours*, elle ne ſe prononceque très rarement.

III°. De deux *rr* de ſuite, dans un mot, on n'en prononce qu'un; exemple: *b*a*rré*, qui ſe prononce *baré*; mais on fait ſonner les deux *rr* dans les mots ſuivans, err*ant*, err*ata*, err*er*; dans la plupart des mots qui commencent par *ir*, comme irr*égulier*, &c; enfin dans les Futurs & les Conditionnels Préſens des Verbes, *mourir*, *courir*, & de ses composés, & les composés du Verbe *querir*; *je mourrai*, *je mourrois*; *je courrai*, *je courrois*, *j'accourrai*, *j'acquerrois.*

S.

S, *ſ*. 1°. Cette Lettre se prononce *ſe*, au commencement des mots, & lorsqu'elle précede ou qu'elle suit une Consonne; exemples : *ſalle*, *vaſte*, *verſet*, *abſtenir*. Elle a le même Son à la fin de ces mots, *un as*, *une vis*, *l'iris*, & des noms étrangers; comme *Pallas*, *Cerès*, *Bacchus*. On ne la prononce cependant pas dans ces noms, *Thomas*, *Matthias*, *Judas*.

II°. Elle se prononce *ze*, quand elle se trouve entre deux Voyelles; exemples : *Maiſon*, *Egliſe*. Il en faut excepter ces mots, *Monoſyllabe*, *paraſol*, *Melchiſédech*, où elle conserve le Son dur *ſe* ou *ſſe*.

L'*s*, se prononce encore *ze*, dans ces mots, *Alſace*, *Balſamine*, & dans tous ceux qui commencent par la Préposition *trans*; comme *tranſaction*, *tranſiger*. On prononce *Alzace*, *Balzamine*, *tranzaction*, *tranziger*.

III°. Cette Lettre eſt muette à la fin de preſque tous les mots, n'y ayant d'exceptés que ceux que nous avons rapportés ci-deſſus, au *N°*. 1° ; & alors elle ſert à rendre longue la Voyelle qui la précede ; exemples : *j'avois*, *tu auras*, *des faits*.

Mais lorſque ces mots ſont ſuivis d'une Voyelle, la Lettre *s* prend le Son *ze*, & va ſe joindre à cette Voyelle qui commence le mot ſuivant ; exemples : *vous aurez de ſages amis*, qu'on prononce, *vou-zaurez de ſage zamis*.

IV°. La double *ſſ* ſe prononce comme un *ſe* ſimple ; exemples : *amaſſer des richeſſes*. On prononce cependant deux *ſſ*, dans *acceſ-ſible*, *acceſ-ſoire*, *claſ-ſique*.

Sc. Ces deux Lettres devant *a*, *o*, *u*, & devant une Conſonne, ſe prononcent *ſe-que* ; exemples : S*capulaire*, ſc*orpion*, ſc*ribe*, ſc*rupule*.

Sc, devant *e* & *i*, & *ſç*, n'ont que le Son *ſe* ; exemples : ſc*ience*, ſc*eau*, ſç*avoir*.

Sch. 1°. Ces trois Lettres ont le même Son que *ch* ; exemples : ſch*iſme*, ſch*iſmatique*, ſe prononcent, ch*iſme*, ch*iſmatique*.

II°. Elles se prononcent *se que*, dans Sch*olastique*, Sch*oliaste*, Sch*olie*, qu'on prononce & qu'on écrit même à présent, Sc*olastique*, Sc*oliaste*, Sc*olie*.

T.

Th, *t*. I°. Cette Lettre a le Son qu'on entend dans ces mots, *tacite*, *tête*, Th*èse*, Th*éologie*.

II°. Le *t* ne se prononce point à la fin de la plupart des mots, quand le mot suivant commence par une Consonne; exemples : *il bat*, *il lit*, *haut*.

Mais il se prononce toujours dans ces mots, *une dot*, *un fat*, *brut*, *zenith*. Les deux dernieres Consonnes se prononcent dans ces mots, *A*pt (Ville,) *in-dult*, *un zest*, *le vent d'Est*, *exact*, *tact*, *correct*, *direct*, *suspect*, *circonspect*. L'*s* & le *t*, sont toujours muets dans le saint nom de *Jesus - Christ*. Mais on les prononce, lorsqu'on dit simplement, le *Christ*, ou un *Christ*.

III°. Le *t* final se joint ordinairement à la Voyelle qui commence le mot suivant. Mais il y a tant d'exceptions, qu'on peut dire en général, que c'est l'oreille qui doit principalement décider, quand il faut ou qu'il ne faut pas le prononcer ; les regles qu'on peut donner à ce ſujet n'étant pas toujours ſures.

Ti, ſe prononce toujours *ti*, lorſqu'il n'eſt point ſuivi d'une Voyelle ; exemples : *parti*, *continent*, *tiſon*. Mais quand il eſt ſuivi d'une Voyelle, il ſe prononce tantôt *ci*, & tantôt *ti*.

I. *Ti*, lorſqu'il n'eſt point précédé d'une *s*, ſe prononce *ci* : 1°. Dans ce mot, *patient* ; dans tous les mots terminés en *tial*, *tiel*, *tieux*, *tien*, & dans tous les Noms, Verbes ou Adverbes qui en dérivent ; exemples : *patience*, *patienter*, *impatiemment*, *partial*, *partialité*, *eſſentiel*, *eſſentiellement*, *dévotieux*, *dévotieuſement*, *perfection*, *perfectioner*, *ration*, *rational*, *rationel*.

II°. Dans les noms terminés en *tien*, qui ſont des noms propres ; comme *Domitien*, *Gratien*, ou des noms qui déſignent de quel pays eſt celui dont on parle ; comme *Vénitien*.

III°. Dans les noms terminés en *cratie* & *mantie* ; exemples : *Démocratie*, *Nécromantie*.

IV°. Dans les noms de pays terminés en *tie* ; exemples : *Galatie*, *Dalmatie*.

v°. Dans ces mots, *inertie*, *imperitie*, *primatie*, *prophétie*, *minutie*, & quelques autres en *tie*, qui ne sont pas d'un usage ordinaire.

VI°. Enfin, dans ces mots, *satiété*, *insatiable*; & dans ces deux Verbes, *initier* & *balbutier*. On écrit par un *c* tous les autres Verbes en *cier*; exemples : *apprécier*, *négocier*.

II. *Ti*, conserve le Son *ti* : 1°. dans tous les mots où il est précédé d'une *s* ou d'un *x*; exemples : *bestial*, *bastion*, *mixtion*, *Sebastien*, *Hostie*.

II°. Dans tous les noms en *tié* ou *tier*; exemples : *amitié*, *pitié*, *altier*, *chantier*. On écrit par un *c* ou une *s*, tous les mots qui se prononcent *cier* ou *sier*; exemples : *foncier*, *coursier*.

III°. Dans les noms terminés en *tie*; comme *partie*, *repentie*, &c. Il en faut excepter ceux dont nous avons parlé ci-dessus, aux *N*°. III°. IV°. & V°.

IV°. Dans ces mots, *Chrétien*, *soutien*, *maintien*, *entretien*, *antienne*, *Etienne*, & autres semblables; & dans le Verbe, *je tiens*, & tous ses composés; comme *je contiens*, *je soutiens*.

V°. Dans toutes les parties du Verbe *châtier*, & dans les parties des autres

Verbes, terminées en *tions* & *tiez*; exemples : *nous por*tions, *vous por*tiez, *nous met*tions, *vous met*tiez, *nous par*tions, *vous par*tiez.

V.

V, *v*. Cette Lettre a toujours le Son qu'on entend dans ces mots, v*euve*, v*enir*.

X.

X, *x*. 1°. Cette Lettre ſe prononce *gue-ze*, dans tous les mots qui commencent par *ex*, ſuivi d'une Voyelle; exemples : ex*amen*, ex*ercer*, ex*il*, ex*ode*, ex*orde*, ſe prononcent egz*amen*, egz*ercer*, egz*il*, egz*ode*, egz*orde*.

II°. Il eſt difficile de déterminer le Son de l'*x* au commencement des mots. Car on le prononce tantôt *gz* ou *cs*, tantôt *s* ou *ch*. Ainſi on dit G*zavier*, Cſ*enophon* ou S*enophon*, S*imenès* ou Ch*imenès*, pour X*avier*, X*enophon*, X*imenès*.

III°. Il ſe prononce *cs*, dans la plupart des autres mots; exemples : *Ale*x*andre*, *a*x*iome*, *expert*, *ſe*x*e*, *fi*x*er*, qu'on prononce, *Alecſandre*, *acſiome*, *ecſpert*, *ſecſe*, *ficſer*. Il a les mêmes Sons *que-ce*, ou *cs*, à la fin des mots terminés en *ax*, *ex*, *ix*, *ox*, *ux* & *inx*; exemples : *borax*, *index*, *préfix*, *Palafox*, *Pollux*, *Sphinx*, qu'on prononce, *boracſe*, *indecſe*, *préficſe*, &c. Il en faut excepter les mots, dont nous parlerons ci-après.

IV°. Il n'a que le Son *ſe* ou *ſſe*, 1°. dans ces mots, *ſoixante*, *Auxerre*, *Auxonne*, *Bruxelles*, qu'on prononce *ſoiſſante*, *Auſſerre*, *Auſſone*, *Bruſſelles* : 2°. à la fin de ces deux noms de Villes, *Aix* & *Cadix*, qu'on prononce *Aiſſe* & *Cadiſſe* : 3°. dans ces deux nombres, *ſix* & *dix*, lorſqu'ils ne ſont ſuivis d'aucun Nom ou Pronom, auquel ils aient rapport ; exemples : *j'en ai ſix ou dix* : *Six & quatre ſont dix* ; on prononce *ſiſſe* & *diſſe*.

V°. Cette Lettre eſt muette à la fin de ces mots, *Crucifix*, *prix*, & *flux*, & de tous ceux qui ſont terminés en *aix*, *aux*, *eux*, *oix* & *oux* ; & elle ne fait que rendre la Syllabe longue ; exemples : *la paix*, *des maux*, *des jeux*, *des noix*, *de la poix*, *du houx*. Elle l'eſt auſſi dans les nombres *ſix* & *dix*, lorſqu'ils ſont ſuivis des noms auxquels ils ont rapport, & que ces noms commencent par une Conſonne ; exemples : *ſix tables*, *dix louis*.

VI°. Lorſque l'*x* final ſe joint à la Voyelle qui commence le mot ſuivant, il prend le Son *ze*.

Mais il ne ſe prononce ainſi, que dans les occaſions que nous allons expliquer. 1°. Après l'Article *aux* ; exemples : *aux hommes*, qu'on prononce *auzhommes* : 2°. après le mot *paix*, ſuivi de ſon Adjectif ; exemples : *paix honorable* : 3°. après les noms Subſtantifs, qui n'ayant point d'*x* au Singulier, le prennent au Plurier, & ſeulement quand ils ſont ſuivis de leurs Adjectifs ; exemples : *chevaux alertes*, *cheveux épars* : 4°. après les noms Adjectifs, mais ſeulement quand ils ſont ſuivis de leurs Subſtantifs ; exemples : *faux accord*, *affreux état* : 5°. après les Verbes, *je veux*, *je peux*, lorſqu'on dit, *j'en veux une*, *je veux en avoir*, *je veux y aller*, *je ne peux en avoir*, *tu peux y prétendre*. Mais dans les autres occaſions, il faut conſulter l'oreille, pour diſtinguer quand on doit prononcer devant une Voyelle l'*x* final de ces Verbes, *je veux*, *je peux*, ou quand on ne doit point le prononcer du tout : 6°. après les nombres *six* & *dix*, lorsqu'ils sont suivis des Noms ou Pronoms auxquels ils ont rapport ; exemples : *six amis*, *dix écus*, *j'en ai six autres.*

VII°. *X*, se prononce encore *ze*, dans ces mots, *deuxieme*, *sixieme*, *dixieme*, *sixain*, *dixaine*, qu'on prononce, *deuzieme*, *sizieme*, *dizieme*, &c.

Z.

Z, *z*. I°. Quand cette Lettre commence une Syllabe, elle a le Son qu'on entend dans ces mots, *zele*, *Zodiaque*, *zizanie.*

II°. Elle est ordinairement muette à la fin des mots, après un *e*, à qui elle donne le Son de l'*é fermé* ; exemples : *cessez*, *c'est assez.*

III°. On la prononce cependant à la fin des Noms propres d'Hommes ou de Villes, & l'*e* qui la précede est un *è* fort ouvert ; exemples : *Sanchez*, *Suarez*, *Rhodez*, *Senez.*

CHAPITRE V.

Des Accens.

IL y a trois ſignes, qu'on nomme *Accens*. Ce ſont de petites lignes, qui ſe poſent obliquement au deſſus des Voyelles. Le premier, qu'on nomme l'*Accent aigu*, eſt une ligne tirée de droite à gauche, telle qu'on la voit ſur l'*é* du mot *bonté*. Le ſecond, qui eſt l'*Accent grave*, ſe marque par une ligne tirée de gauche à droite, comme ſur l'*è* du mot *accès*. Enfin, l'*Accent circonflexe* ſe forme par la réunion de ces deux lignes, qui ſe joignent par le haut, & préſentent la figure d'un ^, qu'on appelle vulgairement *Chevron briſé*, comme on le voit ſur l'*â* de ce mot, *pâte*.

Les Accens étoient fort en uſage dans la Langue Grecque, d'où ils ont paſſé à pluſieurs autres Langues. Mais les François, à proprement parler, n'en ont pris que les noms & les formes. Car pour les uſages qu'ils ont dans notre l'écriture, ils n'ont aucun rapport avec ceux qu'ils avoient chez les Grecs.

L'Accent, chez les Grecs, & même chez les Latins, étoit Proſodique, c'eſt-à-dire qu'il marquoit les différentes inflexions qu'il falloit donner à la voix; & lorſqu'il falloit élever le ton ou le baiſſer ſur une Syllabe. C'eſt de-là même que l'Accent eſt appellé en Latin *Accentus*, qui vient d'*accinere*, Verbe latin, qui veut dire *chanter*, & en Grec *Proſodia*, qui ſignifie *chant*, *mélodie*. Car ces Peuples, ſur-tout les Grecs, étoient fort ſenſibles à l'harmonie des mots, & leur Proſodie étoit un eſpece de chant. L'Accent *aigu* marquoit qu'il falloit élever le ton en prononçant la Syllabe ſur laquelle il étoit poſé : l'Accent *grave* indiquoit quand il falloit le baiſſer : le *circonflexe* feſoit connoître qu'il falloit d'abord élever le ton, puis le baiſſer ſur la même Syllabe. Cette élévation du ton dans l'Accent aigu, & ſon abbaiſſement dans le grave, étoient fort conſidérables dans la Langue Grecque, puiſqu'ils étoient d'une Quinte, au rapport de Denis d'Halicarnaſſe, cité par M. Duclos, dans ſes *Remarques ſur le Chapitre IV de la Grammaire*

générale & raisonnée. » Ainsi, conclut M.
» Duclos, l'Accent Prosodique (des
» Grecs) étoit aussi Musical; surtout
» le circonflexe; où la voix, après
» avoir monté d'une quinte, descen-
» doit d'une autre quinte sur la même
» Syllabe, qui parconséquent se pro-
» nonçoit deux fois.

» On ne sçait plus aujourd'hui, con-
» tinue ce sçavant Grammairien, quelle
» étoit la proportion des Accens des La-
» tins; mais on n'ignore pas qu'ils étoient
» fort sensibles à la Prosodie : ils avoient
» les Accens, l'Aspiration, la Quanti-
» té, les Repos. «

Pour nous autres François, nous avons aussi une espece de Prosodie; mais qui n'est pas si sensible que celle des Grecs & des Latins. Nous n'élevons ni ne baissons pas tant, à beaucoup près, ni si fréquemment qu'eux, le ton en parlant. Notre Langue n'est pas chantante par elle-même, & elle paroîtroit en quelque sorte monotone, s'il étoit possible d'en comparer la prononciation avec celle des Langues Grecque & Latine; car la prononciation de ces deux Langues est tout-à-fait perdue, & nous ne pouvons nous en former quelque

quelque idée, que ſur ce que nous en rapportent les anciens Auteurs Grecs & Latins.

D'ailleurs, notre Proſodie n'eſt point déterminée par aucune régle fixe. C'eſt l'uſage ; ce ſont les différens mouvemens dont notre ame eſt agitée ; c'eſt aſſez ſouvent l'oreille ſeule, qui nous détermine à élever ou à baiſſer le ton ; de ſorte que telle Syllabe qu'on éleve dans une phraſe, peut être baiſſée dans une autre. Ainſi notre Langue ne connoît point l'Accent Proſodique, & par conſéquent les Accens dont nous nous ſervons, ſont d'une nature toute différente de ceux des Grecs & des Latins, & ont des uſages bien différens, quoiqu'ils ſoient figurés de même.

» Toutes les fois (donc, dit M. l'Abbé d'Olivet *) qu'une Syllabe françoiſe eſt marquée d'un Accent aigu, » comme dans *bonté*, cela ne m'apprend » pas que la derniere Syllabe doive être » plus élevée que la précédente ; mais » cela m'apprend ſeulement que l'E qui » ſe trouve dans cette Syllabe eſt fermé, & doit ſe prononcer autrement

* Traité de la Proſodie Françoiſe, Art. II, des Accens.

» que si c'étoit un E ouvert, ou un E
» muet. Ainsi l'Accent aigu n'influe point
» sur la Syllabe entiere, relativement
» aux Syllabes qui précedent ou qui
» suivent : mais il n'influe que sur la
» lettre même, relativement aux au-
» tres Sons qu'elle peut former ailleurs.

» Pour ce qui est de l'Accent grave,
» il ne nous sert pareillement, que pour
» désigner l'E ouvert, comme dans *pro-*
» *grès*, & pour différencier certains mots,
» qui s'écrivent & se prononcent de mê-
» me, mais sans avoir le même sens :
» par exemple, dans la Préposition *à*,
» & dans les Adverbes *là* & *où*; afin
» qu'on les distingue, de *a* venant du
» Verbe *avoir*; de *la* Article; & d'*ou*
» Conjonction.

» Plus souvent encore, l'Accent cir-
» conflexe ne sert qu'à marquer la sup-
» pression d'une lettre, qui étoit autre-
» fois employée pour rendre la Syllabe
» longue; comme dans *bête*, *tôt*, *aimât*,
» qui s'écrivoient autrefois, *beste*, *tost*,
» *aimast*.

» Ainsi l'Accent imprimé, (c'est ainsi
» que M. d'Olivet nomme l'Accent
» François) lors même qu'il influe, non
» pas sur une Voyelle seulement, mais

» sur la Syllabe entiere, ne sert qu'à en » marquer la longueur. Or la longeur » & la briéveté de la Syllabe ne sont » point l'objet de l'Accent (Prosodi- » que.) Mais son objet unique c'est de » faire élever ou baisser la voix à pro- » pos. Je conclus de-là, que notre Ac- » cent imprimé ne ressemble en rien à « l'Accent Prosodique ; & que s'il en » conserve le nom & la figure, c'est » abusivement. «

Dans ce long texte, M. d'Olivet explique assez clairement les usages de nos Accens. L'Accent aigu ne sert qu'à marquer l'*é* fermé. L'Accent grave ne s'emploie que pour marquer les *è* ouverts longs & graves ; comme dans *thèse*, *dièrèse*, *après*. Pour l'Accent circonflexe, il se place sur huit de nos Voyelles ; sçavoir sur *â*, *ê*, *eû*, *ô*, qu'il rend très graves, & par-conséquent très longues ; exemples : â*ge*, *fête*, *j*eû*ne*, *côte* ; & sur *î*, *oû*, *û* & *în*, qu'il rend seulement très longues ; exemples : *gîte*, *voûte*, *flûte*, *vous vîntes*.

La destination de l'Accent circonflexe, doit être uniquement de faire distinguer les Syllabes très longues. Par-conséquent c'est un abus de le placer ſur des Syllabes breves, ſous prétexte du retranchement de quelque Lettre inutile qu'on aura ſupprimée. Cet abus étoit autrefois fort commun. Mais depuis quelque temps, on prend plus d'attention à ne placer l'Accent circonflexe que ſur des Voyelles très longues.

Il y a des Auteurs qui marquent d'un Accent aigu l'*e* qui précede une Conſonne & un *e* muet; comme dans *pére*, *je céde*, *le ſixiéme*, &c; excepté ceux qui ſe prononcent d'un ſon plus ouvert, comme dans *thèſe*, *après*, &c, qu'ils marquent d'un Accent grave.

D'autres marquent cet *e* d'un Accent grave, qu'ils mettent auſſi ſur l'*e* des mots terminés en *er*, où l'*r* ſe prononce, comme *amèr*, *du fèr*, *il eſt fièr*.

Quelques autres nouveaux Grammairiens, s'imaginant que cet *e* forme une eſpéce d'*e* particuliere diſtinguée de l'*é* fermé & de l'*e* ouvert, qu'ils ont jugé à propos de nommer *e moyen*, ont auſſi imaginé de les marquer d'une ligne perpendiculaire, à qui ils veulent donner le nom d'*Accent*. Mais quel Accent? ils n'ont pu encore lui trouver de ſurnom. Auſſi ce nouvel Accent n'eſt-il gueres connu, & il n'y a pas d'apparence qu'il fasse jamais fortune.

Enfin, un très grand nombre d'Auteurs écrivent cet *e* sans le marquer d'aucun Accent.

De ces quatre usages, c'est le dernier qui paroît être le plus fondé en raisons. En effet, de quelle nécessité, ou de quelle utilité peut être un Accent, quel qu'il soit, sur cet *e* qui est bref & ouvert par sa nature (comme nous l'avons prouvé dans la *Iere Partie*, *Chapitre I*, *Article II*, *§ II.*) & que sa position fait aisément reconnoître ? On ne pourra jamais le confondre avec l'*e* muet, puisque c'est une regle générale, que tout *é* sans accent, suivi d'une Consonne & d'un *e* muet à la fin d'un mot, comme dans *pere*, ou d'une Consonne, avec laquelle il fait une Syllabe, comme dans *amer*, est un *e* ouvert bref. Par cela même qu'il est sans Accent, il est distingué de l'*é* fermé, qui est toujours marqué d'un Accent aigu, & de l'*e* ouvert long & grave, qui est marqué d'un Accent grave, ou de l'Accent circonflexe, lorsqu'on le doit prononcer d'un son très grave.

Au contraire, il y a des inconvéniens à le marquer d'un Accent.

1°. Si on le marque d'un Accent aigu, on donnera lieu de le prendre pour un *é* fermé. Il eſt vrai que cette erreur ne ſera que dans l'eſprit, & ne peut influer ſur la prononciation, puiſqu'il eſt impoſſible de prononcer autrement cet *e*, que d'un ſon bref & ouvert. Mais il faut toujours éviter ce qui peut induire en erreur, quelque légere que puiſſe être cette erreur.

Si cependant cette pratique devenoit univerſelle, alors on établiroit pour regle générale, que tout *é* marqué d'un Accent aigu, & ſuivi d'une Conſonne autre que le *g* ou *j*, & d'un *e* muet, eſt un *e* ouvert bref. Il n'y auroit plus à craindre qu'on le confondît avec l'*é fermé*; & de plus il y auroit cet avantage, qu'il ſeroit parfaitement diſtingué de l'*e* muet ou plutôt de l'*e* obſcur, qui ſe rencontre ſouvent au milieu des mots, comme dans *remene*, *recele*, où le premier *e* eſt *obſcur*, le ſecond *ouvert bref*, & le troiſieme eſt *muet*, & où ils ſeroient parfaitement diſtingués ſi on écrivoit *reméne*, *recéle*.

2°. Si on le marque d'un Accent grave, il y a plus d'inconvénient. Car cela donnera lieu de le prononcer d'un ſon trop long & trop grave, & ne mettra aucune différence entre *il peſe*, *il cele*, dont l'*e* eſt bref, & *une alèſe*, *le zèle*, &c, dont l'*e* long & grave demande une plus grande ouverture de bouche. Ainſi il paroît qu'il faut abſolument proſcrire l'Accent grave de deſſus ces *e* brefs & ouverts, & le réſerver pour les *e* longs; comme par exemple pour l'*e* de ces mots, *prèſſe*, *emprèſſe*, *nèfle*, qui eſt long & grave, ſur lequel cependant je ne ſçai pourquoi il n'eſt pas encore d'uſage de le mettre, quoiqu'il ſeroit bon de le diſtinguer de l'*e* très bref qu'on prononce dans *meſſe*, *adreſſe*, *treſle*.

Obſervations ſur la Diérèſe ou Points tréma.

La Diérèſe, que l'on nomme autrement *tréma*, eſt formée par deux points de ſuite (..) que l'on place ainſi ſur une de ces trois Lettres, *ë*, *ï*, *ü*.

Placée ſur l'*ë* & ſur *l'ü*, elle ſert uniquement à marquer qu'il faut prononcer ces Lettres en des Syllabes ſéparées des Voyelles qui les précedent. Ainſi *Poëte*, *Saül*, *Thoü*, ſe prononcent *Po-éte*, *Sa-ul*, *Tho-u*.

On ſe ſert auſſi de l'*ü tréma* à la fin de ces mots, *cigüe*, *aigüe*, *ambigüe*, pour marquer qu'il faut prononcer l'*u* dans ces mots ; au lieu qu'on ne le prononce point dans ceux-ci, *digue*, *figue*, *fatigue*. Il ſeroit à ſouhaiter qu'on s'en ſervît dans ce mot *égüille*, & quelques autres, où l'*u* ſe prononce, au lieu qu'il ne ſe prononce pas dans *anguille*, *éguillon*.

La Diérèſe placée ſur l'*ï*, n'a quelquefois d'autre uſage que de le faire prononcer en une Syllabe diſtinguée de l'*a*, ou de l'*o*, ou de l'*u* qui le précede, comme dans ces mots, *haï*, *héroïne*, *jouïr*. Mais ſouvent elle ſert à faire donner à l'*ï* le Son mouillé dont nous avons parlé dans la *I*ere *Partie*, *Chapitre II*, *Article V*, § *II*, & qu'on entend dans ces mots, *païen*, *aïeul*, *gaïac*.

C'eſt un abus de vouloir faire ſervir l'*ï tréma* pour deux *i*, comme dans ces mots, *moïen*, *roïaume*, &c, qu'il faut écrire par un y grec, *moyen*, *royaume* : comme c'en eſt un de mettre un y grec dans ces mots, *payen*, *ayeul*, &c, qui doivent être écrits par un *ï* tréma, *païen*, *aïeul*.

C'étoit un autre abus, mais qui n'a plus lieu, d'écrire *loüer*, *Loüis*, de peur qu'on ne liſe, *lover*, *Lovis*. Car la figure du *v* étant aux ieux auſſi différente de celle de l'*u*, que leur Son l'eſt à l'oreille, on n'a pas beſoin à préſent de ſigne, pour reconnoître que cette Lettre *u* eſt une Voyelle, ou fait partie d'une Voyelle.

Fin de la II Partie

TABLE.

PREMIERE PARTIE.

CHAPITRE PREMIER.

Des Voyelles.

CHAPITRE II.

Des Consonnes.

CHAPITRE III.

SECONDE PARTIE.

CHAPITRE PREMIER.

CHAPITRE II.

CHAPITRE III.

CHAPITRE IV.

Fin de la Table.

www.ingramcontent.com/pod-product-compliance
Ingram Content Group UK Ltd.
Pitfield, Milton Keynes, MK11 3LW, UK
UKHW031845260826
14628UKWH00002B/591

9 782329 426884